LIKE A ROOT
OUT OF DRY GROUND

INHALT

EINFÜHRUNG

Katastrophenanleihen, umgangssprachlich wie auch im Englischen als «Catastrophe Bonds» oder kurz «Cat Bonds» bekannt, sind für viele Investoren eine vergleichsweise neue Anlageklasse. Der Markt für Katastrophenanleihen konnte in der Vergangenheit beeindruckende Erfolge verzeichnen und wuchs in den letzten Jahren auf eine Marktgrösse von mehr als $40 Mrd. an. Viele hochgradig professionelle Investorengruppen, wie etwa Pensionskassen, Family Offices und Privatbanken, investieren bereits in diese Instrumente. Da das Auftreten von Naturkatastrophen nicht mit klassischen Finanzmarktrisiken korreliert, entwickelt sich die Performance von Cat Bond Anlagestrategien meist weitgehend unabhängig von Schwankungen der klassischen Finanzmärkte. Dies macht die Anlageklasse zu einer wichtigen Quelle von Diversifikation in Multi-Asset Portfolien. Mit einer historischen Rendite von mehr als 7.1% bei einer jährlichen Volatilität von weniger als 3.2% (Bloomberg, 2020) war ein Investment in diese Instrumente darüber hinaus auch isoliert betrachtet in der Vergangenheit sehr rentabel. Diese erzielte Rendite war höher als die der meisten anderen festverzinslichen Anlagemöglichkeiten im Vergleichszeitraum der vergangenen zwei Jahrzehnte. Abgesehen von ihrer attraktiven Wertentwicklung sind Cat Bonds aber vor allem deswegen so interessant, da sie einen wertvollen Beitrag zur Portfoliodiversifikation leisten können. Insbesondere im Fixed Income Segment, wo sonst eine hohe Abhängigkeit von Zinsänderungs- oder Kreditspreadrisiken besteht, bieten Katastrophenanleihen eine fundamental unabhängige Ertragsquelle, deren Performance letztlich vom (Nicht-)Eintreten bestimmter versicherter Ereignisse - meist Naturkatastrophen - abhängt. Die meisten Katastrophenanleihen sind darüber hinaus variabel verzinst, und weisen Coupons von typischerweise LIBOR + 5-8% aus. Im gegenwärtigen Umfeld übertrifft dies die meisten anderen Fixed Income Instrumente. Die Unabhängigkeit von Kreditrisiken wird hierbei über eine spezielle rechtliche Gestaltung der Instrumente - die Verbriefung - erzielt, welche das Gegenparteienrisiko auf das mögliche Minimum reduziert.

Um das Risiko des Eintretens der durch die Katastrophenanleihe versicherten Ereignisse zu bestimmen, werden komplexe statistische Modelle von in diesem Bereich spezialisierten Firmen verwendet. Diese Modelle basieren auf den neuesten Erkenntnissen der Naturwissenschaft und erlauben es zusammen mit aktuarischen Modellen, ein präzises Risikoprofil der einzelnen Anleihen oder eines Portfolios von

Katastrophenanleihen zu berechnen. Da Katastrophenanleihen hauptsächlich Naturgefahren rückversichern, sind insbesondere die Meteorologie, die Klimatologie, sowie die Geologie von besonderer Relevanz für die Risikobestimmung. Gemäss diesen Modellen zeichnen sich die meisten Cat Bonds durch ein moderates langfristig erwartetes Ausfallrisiko aus, das per Ende 2020 bei ca. 2.3% pro Jahr lag (Artemis, 2020). Im Vergleich verzeichneten Unternehmensanleihen mit einem «B» Rating, also High Yield oder Junk Bonds, in der Vergangenheit eine höhere Ausfallrate von ca. 3.4% per annum (Vazza, Kraemer, & Gunter, 2019).

Trotz ihrer offensichtlich interessanten Charakteristika wurden Cat Bonds bisher kaum von klassischer Literatur beleuchtet und es gibt für Interessenten wenig Möglichkeiten, sich zu dieser Anlageklasse zu informieren. Das vorliegende Buch versucht diese Lücke zu schliessen. In den folgenden Kapiteln werden die Geschichte der Anlageklasse, die grundlegende Struktur und die wichtigsten ökonomischen Parameter von Katastrophenanleihen erklärt. Im Anschluss geht ein Kapitel auf die Vorteile einer Cat Bond Allokation in einem traditionellen Multi-Asset Portfolio ein.

KAPITEL 2

DER RÜCKVERSICHERUNGS-MARKT

GESCHICHTE DES RÜCKVERSICHERUNGSMARKTES

Versicherungsschutz in ausreichender Kapazität und Qualität ist essentiell für das Funktionieren einer modernen Marktwirtschaft und ist in den meisten entwickelten Volkswirtschaften auch verfügbar. Ein durchschnittlicher Haushalt in einem westlichen Land verfügt in der Regel über ein Portfolio verschiedener Policen, zum Beispiel über eine Haftpflichtversicherung, eine oder mehrere Lebensversicherungen, eine Hausratversicherung gegen Elementarschäden (Wasser, Feuer, etc.) und natürlich über eine Krankenversicherung. Auch Unternehmen oder Körperschaften sind regelmässige Abnehmer von Versicherungsschutz, um Infrastruktur, Einkommen oder sonstige Vermögensgegenstände abzusichern. Es ist daher wahrscheinlich keine gewagte These zu behaupten, dass eine moderne Marktwirtschaft, die einen gewissen Wohlstand erreicht hat, einen etablierten Versicherungsmarkt benötigt, um Investoren die notwendige Stabilität und Sicherheit bereitzustellen. Ohne einen solchen Versicherungsschutz werden wohl die wenigsten Unternehmer, Investoren oder Dienstleister bereit sein, Fabriken zu errichten, Flugzeuge zu betreiben oder komplexe medizinische Operationen durchzuführen. Es ist daher auch unter Ökonomen weitgehend unbestritten, dass sich ein adäquater Versicherungsschutz positiv auf den Wert einer Unternehmung auswirkt (Mayers & Smith, 1990), da dieser Unsicherheiten zu reduzieren vermag. Aufgrund dieser weiten Verbreitung von Versicherungsverträgen kann daher davon ausgegangen werden, dass die grundlegende Funktionsweise einer Versicherung nahezu jedem Leser bekannt sein dürfte.

Interessanterweise verhält es sich beim Thema «Rückversicherung», also der Versicherung für Versicherungen, anders. Die meisten Personen haben vermutlich noch nie in ihrem Leben einen Rückversicherungsvertrag gelesen, obwohl mit grösster Wahrscheinlichkeit einiger ihrer Risiken, über die sie eine Versicherungspolice abgeschlossen haben, genau über einen solchen Rückversicherungsvertrag von Ihrer Versicherung (dem «Zedenten») an eine Rückversicherung weitergegeben («zediert») wurden. Der Grund, warum der Rückversicherungsmarkt den meisten Konsumenten nicht bekannt ist, ist einfach erklärt. Rückversicherungen bieten keine Produkte für Konsumenten an, sondern betreiben ihr Geschäft ausschliesslich mit anderen Versicherern oder mit wenigen einzelnen Grossunternehmen. Es gibt daher keine Interaktionen mit der Allgemeinheit. Der Grund für das Interesse an Rückversicherungsdeckung durch Primärversicherungsunternehmen liegt darin, dass durch eine solche Deckung die Profitabilität über mehrere Jahre geglättet wird und dadurch regulatorisches Eigenkapital entsprechend anderweitig verwendet werden kann, insbesondere wenn Klumpenrisiken an den Rückversicherer zediert werden. Die Rückversicherungs-Industrie ist daher essenziell für die reibungslose Funktion der weltweiten Versicherungsmärkte.

Obwohl direkte Versicherungsverträge zwischen natürlichen Personen bereits in der Zeit des antiken Griechenlands nachgewiesen werden können (Holdsworth, 1917), so ist die Geschichte des Rückversicherungsmarktes deutlich jünger. Da sich das Verlustpotential in diesen frühen Versicherungsverträgen meist auf ein Einzelereignis mit relativ geringem Schadenspotential beschränkte (es also wenig Klumpenrisiko gab), gab es auch wenig Notwendigkeit für den Versicherer, dieses Risiko - ganz oder in Teilen - weiterzugeben. Es war daher erst in der Frühphase der Renaissance, als die globale Handelsaktivität zunahm, dass Anbieter von Versicherungsschutz begannen, sich nach Möglichkeiten zur Risikoreduktion umzusehen. Der erste bekannte formale Rückversicherungsvertrag zwischen zwei Versicherungsgebern wurde im Juli 1370 vereinbart und rückversicherte die Route eines Schiffes von Genua, Italien nach Brügge, Belgien (Houston & Labra, 2014). Im Zuge der Industrialisierung ab dem 19. Jahrhundert wurde

Rückversicherungsdeckung noch wichtiger, da durch das wirtschaftliche Wachstum der Wert der versicherbaren Vermögen stark anstieg. Es war ökonomisch für einzelne Versicherer nicht mehr länger sinnvoll, Klumpenrisiken anzuhäufen, ohne diese zumindest teilweise in den Rückversicherungsmarkt zu zedieren. Um diesem Bedarf gerecht zu werden, wurden gegen Ende des 19. Jahrhunderts verschiedene spezialisierte Rückversicherungsunternehmen gegründet. Beispielsweise seien hier die im Jahr 1863 gegründete Schweizer Rückversicherungsgesellschaft, heute bekannt als «Swiss Re», wie auch die im Jahr 1880 entstandene Münchner Rückversicherungsgesellschaft (heute «Munich Re»). In London gab es bereits seit dem frühen 18. Jahrhundert die «Society of Lloyd's», der Vorgänger des heutigen Lloyd's of London, einer der wichtigsten Handelsplätze für Rückversicherungsrisiken (Brown, 1980).

In den letzten Jahren wurden die Eigenkapitalvorschriften für die Versicherungsindustrie im Rahmen der Solvency II Regulierung stark erhöht. Dementsprechend ist der Bedarf nach eigenkapitalfreisetzenden Rückversicherungs- verträgen noch einmal angestiegen. Im Kontext dieser globalen regulatorischen Entwicklung ist davon auszugehen, dass sich dieser Nachfrageanstieg auch in den nächsten Jahren noch fortsetzen wird. Eine solche Entwicklung aufgrund sich verändernder Rahmenbedingungen ist aber keineswegs neu. Regulierung und Gesetzgebung waren stets wichtige Treiber von

Entwicklungen im Versicherungsmarkt. So hat sich beispielsweise der Wert der gegen Feuer versicherten Gebäude in Frankreich in den 15 Jahren nach 1850 mehr als verdoppelt, nachdem das französische Zivilrecht in Bezug auf Versicherungsschutz angepasst wurde (Pearson, The Development of Reinsurance Markets in Europe during the Nineteenth Century, 1995). Da in den letzten Jahren die globalen versicherbaren Werte stark angestiegen sind, insbesondere in Schwellenländern, während gleichzeitig immer grössere Teile der Bevölkerung finanziell in der Lage sind, sich Versicherungsschutz zu leisten, ist ein weiteres Wachstum der Versicherungs- wie auch der Rückversicherungsindustrie wahrscheinlich. Ebenso leistet sicherlich auch der Klimawandel einen Beitrag zum zukünftigen Wachstum der Nachfrage nach entsprechenden Versicherungslösungen.

HISTORISCHE SCHADENSFÄLLE

Oft wurden die grössten Innovationen der Menschheitsgeschichte als Folge von schrecklichen Tragödien geboren. Die Versicherungsindustrie ist in dieser Hinsicht sicherlich keine Ausnahme, sondern eher ein Paradebeispiel. Das Feuer von London im Jahr 1666 war zum Beispiel einer dieser Schlüsselmomente, der zu einem Neudenken und letztlich zum Aufbau des modernen Versicherungswesens beigetragen hat. Das Feuer von London zerstörte die Wohnhäuser von mehr als 70,000 Einwohnern Londons und einen Grossteil der Londoner Innenstadt. Dieses Ereignis resultierte darin, dass vermehrt wissenschaftliche Elemente in der Stadtplanung und der Konstruktion von Gebäuden berücksichtigt wurden, um so das Risiko zukünftiger Feuersbrünste zu reduzieren (Pearson, Insuring the Industrial Revolution: Fire Insurance in Great Britain 1700–1850, 2004). Bereits kurz nach dem verheerenden Brand wurden auch erste Versicherungsgesellschaften gegründet, die den Einwohnern einen zumindest rudimentären Versicherungsschutz anboten.

Im Jahr 1842 kam es auch in Deutschland zu einer verheerenden Feuerkatastrophe. Das «Grosse Feuer von Hamburg» zerstörte mehr als 2,000 Wohnhäuser und ungefähr ein Drittel des historischen Stadtkerns. Nach den Lektionen des Londoner Feuers gab es zu diesem

Zeitpunkt bereits eine internationale Versicherungs-industrie, die aber noch relativ jung war. Als Folge des Feuers in Hamburg war die Branche mit enormen Verlusten konfrontiert und viele britische Versicherer zogen sich aus dem deutschen Markt zurück. Um die so entstandene Lücke zu schliessen, wurde die Kölnische Rückversicherungsgesellschaft (später «Cologne Re») gegründet, die damit die weltweite erste unabhängige Rückversicherungsgesellschaft war (Haueter, 2017).

Das schwere Erdbeben von San Francisco im Jahr 1906 war dann der erste grosse Test für diese bis dato neue internationale Rückversicherungsindustrie. Dieses Erdbeben mit einer Stärke von 7.8 (US Geological Survey, 2019) und mit Beschleunigungskräften von mehr als 1g (1g = $9.8 m/s^2$) (Anooshehpoor, Heaton, Shi, & Brune, 1999) ist bis zum heutigen Tag eine der verheerendsten Naturkatastrophen in der Geschichte der USA. Die Erdstösse, und vor allem das anschliessende Feuer zerstörten grosse Teile von San Francisco, und Hunderte von Einwohnern verloren ihr Leben. Dank des bereits existierenden Rückversicherungsschutzes, von dem ein Grossteil von internationalen Unternehmen bereitgestellt wurde, konnten jedoch die meisten Teile von San Francisco bereits innerhalb von drei Jahren wieder aufgebaut werden (Haueter, 2017). Ohne funktionierende internationale Rückversicherungsmärkte wäre dieser Erfolg kaum möglich gewesen.

ABBILDUNG 1: FEUERSBRUNST NACH DEM ERDBEBEN IN SAN FRANCISCO 1906

Anfang des 20. Jahrhunderts war das Schiffsgeschäft einer der Haupttreiber von Prämieneinnahmen für die Rück-Versicherungsindustrie. Die zunehmende Anzahl an Dampfschiffen führte zu einem rapiden Wachstum an Frachtvolumen und Passagierzahlen, zu einer massiven Zunahme versicherbarer Werte und damit letztlich auch zu einem erhöhten Risiko für die Versicherungsindustrie. Das wohl berühmteste Schiff seiner Zeit, die RMS Titanic, wurde von der Betreiberfirma White Star Line bereits im Jahr 1911 versichert, als sie noch im Trockendock lag. Die Titanic, wie auch ihre Schwesterschiffe RMS Olympic und HMHS Britannic waren luxuriöse Passagierschiffe mit zum

11

damaligen Zeitpunkt einzigartigen Ausstattungen. So war beispielsweise der Speisesaal der Titanic der grösste, den es bis dahin jemals auf einem Schiff gegeben hatte. Ebenfalls verfügte die Titanic über 16 wasserdichte Sektionen in ihrem Rumpf, wurde damit als praktisch unsinkbar angesehen und auch entsprechend vermarket. Es ist daher wohl nicht überraschend, dass die RMS Titanic lediglich zur Hälfte ihres Wertes versichert wurde, da man ohnehin davon ausging, dass sie nicht sinken könne. Auch die Versicherungsprämie war deutlich geringer als dies gemeinhin üblich war und betrug nur 0.75% des versicherten Wertes (Swiss Re, 2020). Der Rest dieser Geschichte ist gut dokumentiert: Die RMS Titanic kollidierte am 14. April 1912 mit einem Eisberg und sank innerhalb weniger Stunden im Nordatlantik. Mehr als 1,500 Menschen verloren bei dem tragischen Unglück ihr Leben (Frey, Savage, & Torgler, 2011). Heute bezeichnet die Swiss Re Group den Untergang der Titanic als einen Weckruf für die globale Versicherungsindustrie der damaligen Zeit, obwohl die Titanic selbst nur bei wenigen britischen und amerikanischen Gesellschaften versichert und der finanzielle Schaden letztlich überschaubar war. Das Schwesterschiff der Titanic, die RMS Olympic, wurde dann bereits wenig später für die nahezu dreifache Prämie (2.0%) versichert (Swiss Re, 2020).

ABBILDUNG 2: VERLUSTKARTE DER SWISSRE FÜR DIE TITANIC[1] (SWISS RE, 2020)

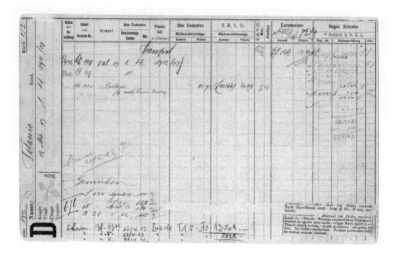

In den letzten drei Jahrzehnten sorgten verschiedene Naturkatastrophen, wie zum Beispiel Hurricane Andrew im Jahr 1992 und Hurricane Katrina im Jahr 2004 oder das Tohoku Erdbeben in Japan 2011, erneut zu verstärkten Bedenken bei Versicherern und Rückversicherungen. Der generelle Anstieg versicherter Werte, getrieben durch Bevölkerungswachstum, Urbanisierung und steigende Immobilienpreise, auch als Folge der Niedrigzinspolitik, resultieren in einem massiven Zuwachs des Klumpenrisikos für Versicherungen im Bereich Naturkatastrophen. Dass diese Risikoerhöhung keineswegs nur theoretisch ist, wird deutlich, wenn man sich die tatsächlich versicherten Schäden der oben benannten Ereignisse vor Augen führt. Ebenfalls wird deutlich, dass selbst der globale Rückversicherungsmarkt mittlerweile an seine Kapazitätsgrenzen stösst und es damit zunehmend schwieriger wird, in diesen Hauptgefahrenklassen Versicherungsdeckung zu fairen Konditionen anzubieten. Schlussendlich ist dies einer der wesentlichen Gründe, warum sich kapitalmarktbasierte Rückversicherungsprodukte, wie zum Beispiel Katastrophenanleihen oder andere Formen von Insurance Linked Securities in den vergangenen Jahren etablieren konnten.

ABBILDUNG 3: VERSICHERTE SCHÄDEN 1970-2018 (SWISS RE INSTITUTE, 2019)

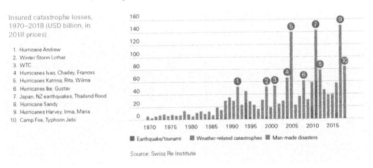

Im Jahr 2017 wurden die USA und Puerto Rico (ein Aussengebiet in Hoheitsgewalt der USA) innerhalb weniger Wochen von drei starken Hurricanes, d.h. Kategorie 3 oder höher, mit mind. 200 km/h Windgeschwindigkeit, getroffen. In dem gesamten Jahrzehnt vorher war dies kein einziges Mal der Fall. Zusammen mit den ebenfalls im Jahr 2017 aufgetretenen Waldbränden und kleineren lokalen Naturkatastrophen, beliefen sich die versicherten Schäden im Jahr 2017 auf mehr als $140 Mrd. (Swiss Re, 2018). Das Jahr 2017 ist damit bis heute das teuerste Jahr in der Geschichte der Versicherungsindustrie.

Wie auch schon die Ereignisse in den Jahren zuvor, haben die Naturkatastrophen des Jahres 2017 deutlich gemacht, dass der klassische Rückversicherungsmarkt nicht mehr über die notwendige Kapazität verfügt, um diese Hauptrisiken, insbesondere Wind- und Erdbebenrisiken in den USA, abzusichern. Hierdurch ergibt sich in letzter Konsequenz nicht nur ein weitreichendes Problem für die Versicherungsindustrie, sondern würde diese Problematik über unzureichende Deckungen oder starke Preisanstiege bei bestehenden Versicherungspolicen mittelfristig volkswirtschaftlich spürbar werden. Ein Risikotransfer dieser Hauptgefahren aus dem Versicherungsmarkt hinaus auf den Kapitalmarkt erscheint daher ein geeigneter Mechanismus, um hier Abhilfe zu leisten. Von den Schäden im Jahr 2017 wurde so bereits ein signifikanter Teil von Kapitalmarktinvestoren absorbiert, was zu einer spürbaren Entlastung der Versicherungsindustrie beigetragen hat. Während nach früheren Katastrophen massive Prämienanstiege für Endkunden beobachtbar waren, blieben solche Erhöhungen nach 2017 entweder komplett aus oder fielen zumindest meist nur moderat aus. Aus volkswirtschaftlicher bzw. aus Konsumenten-Sicht ist dies sicherlich eine zu begrüssende und insgesamt erfreuliche Entwicklung.

DER RÜCKVERSICHERUNGSMARKT UND INSURANCE-LINKED SECURITIES («ILS»)

MARKTGRÖSSE UND GEOGRAFISCHE KONZENTRATION

Per Mitte 2020 weist der globale Rückversicherungsmarkt eine Gesamtkapitalisierung von ca. $519 Mrd. an traditionellem Kapital und weiteren ca. $91 Mrd. an alternativem Rückversicherungskapital, davon der grösste Teil Insurance Linked Securities («ILS»), wie zum Beispiel Katastrophenanleihen, aus (AON plc, 2020). Der weltweite Versicherungsmarkt (abzüglich des Lebensversicherungsmarktes, also das Sachgeschäft) generierte im Jahr 2017 ca. $2.2 Billionen an Prämieneinnahmen (Swiss Re, 2018). Innerhalb der USA trägt der Versicherungssektor mehr als 3% zum Bruttoinlandsprodukt bei, und ist damit für die Volkswirtschaft und den gesellschaftlichen Wohlstand ein wichtiger Faktor (Insurance Information Institute, 2019).

Der grösste Anteil der globalen Prämieneinnahmen stammt aus entwickelten Märkten, wie zum Beispiel den USA, Europa, Australien und Japan. Schwellenländer wie China, Brasilien, Russland, Indien und andere wachsen jedoch deutlich schneller als die grossen etablierten Industrienationen, und entwickeln sich daher zusehends zu ebenfalls wichtigen Absatzmärkten für die Versicherungsindustrie. Dies sollte aufgrund des Anstiegs der Bevölkerung, der wirtschaftlichen Leistungsfähigkeit und letztlich auch aufgrund zunehmend wertvoller physischer Werte (zum Beispiel in Form von Immobilien) nicht weiter überraschend sein.

Aktuell wird der Markt für Versicherungen jedoch immer noch weitgehend von den westlichen Industrienationen dominiert. Im Rückversicherungssegment sind vor allem US-amerikanische Wind- und Erdbebenrisiken stark präsent, da es in den USA eine grosse Dichte an versicherbaren Werten (meist Gebäude) bei gleichzeitiger Bedrohung durch Naturgefahren (Erdbeben, Hurricanes, Tornados, etc.) gibt. Bekannterweise ist insbesondere die Ostküste der USA stark durch tropische Wirbelstürme, die sogenannten «Hurricanes», gefährdet. Aus diesem Grund ist auch der Versicherungsschutz in dieser Region sehr ausgeprägt und die meisten Gebäude sind in irgendeiner Form gegen Elementarrisiken abgesichert. Für den Bundesstaat Kalifornien, welcher in einer tektonisch aktiven Zone liegt, ist dies sinngemäss auch zutreffend, wenngleich es hier das Erdbebenrisiko ist, das die Nachfrage nach Versicherungsschutz antreibt. In Japan gibt es sowohl eine Gefährdung durch Wirbelstürme, sogenannte «Taifune», wie auch durch starke Erdbeben. Auch dort hat sich ein hoch entwickelter Versicherungsmarkt etabliert, der diese Risiken absichert und durch Rückversicherungsverträge global verteilt. In Europa ist zwar der Versicherungsschutz ebenfalls sehr ausgeprägt, da es hier aber in der Regel keine grossen

Naturkatastrophen wie Hurricanes oder Erdbeben gibt, hält sich das Klumpenrisiko für Einzelversicherer in Grenzen und wird dementsprechend auch nur in geringerem Umfang in den Rückversicherungsmarkt zediert. Die wenigen Naturgefahren, die es in Europa gibt, sind typischerweise Orkane, Winterstürme, Starkregenereignisse und Hagel. Diese erreichen nur in den seltensten Fällen Schadenssummen von mehr als einem einstelligen Milliardenbetrag. Damit sind die Erstversicherer noch weitgehend in der Lage, diese Risiken selbst, oder mit einem vergleichsweise geringem Rückversicherungsschutz zu tragen. Dementsprechend finden diese Risiken in der Regel auch eher selten ihren Weg in alternative Rückversicherungsprodukte, wie zum Beispiel Katastrophenanleihen.

Wie bereits erwähnt dominieren zwar die westlichen Industrienationen den weltweiten Versicherungsmarkt, aber das stärkste Wachstum kommt aktuell aus China. China ist bereits heute der zweitgrösste Markt für Lebensversicherungen nach den USA (Swiss Re, 2018). Wachsende Volkswirtschaften benötigen ebenfalls Zugang zu Versicherungsleistungen. Das Wachstum von Versicherungsprämien ist hier oft sogar überproportional zum volkswirtschaftlichen Wachstum bzw. zum Wachstum des BIP pro Kopf, da sich sowohl die Marktpenetration wie auch die Leistbarkeit verbessert.

ABBILDUNG 4: TOP 10 VERSICHERUNGSMÄRKTE 2017 (SWISS RE INSTITUTE, 2018)

Während der Markt für Erstversicherungen stark von lokalen oder regionalen Gegebenheiten beeinflusst wird, so war die Rückversicherungsindustrie schon immer ein Wirtschaftszweig mit globalem Fokus, seitdem sie sich im späten 19. Jahrhundert entwickelt hat. Trotz dieses globalen geografischen Profils haben sich dennoch nur einige wenige Hubs etabliert, an denen die wichtigsten Firmen ihre Sitze haben. Die weltweit wichtigsten Hubs für den Rückversicherungsmarkt sind London, wo Lloyd's of London als einer der wichtigsten Handelsplätze seinen Sitz hat, wie auch die Standorte Zürich, Bermuda oder Singapur. Da die Rückversicherungsindustrie ein stark regulierter Industriezweig ist, sind Unternehmen in dieser Branche auf zuverlässige rechtliche und regulatorische Rahmenbedingungen angewiesen, um ihr Geschäft profitabel und planbar betreiben zu können. Besonders eine mögliche Besteuerung von Versicherungsleistungen, wie zum Beispiel eine Stempelsteuer die pro Kontrakt oder proportional zur Prämie erhoben wird, wäre ein signifikanter Standortnachteil. Die vorab genannten Hubs haben alle die Gemeinsamkeit, dass dort die rechtlichen, regulatorischen und steuerlichen Rahmenbedingungen attraktiv gestaltet wurden, um die Versicherungsindustrie an den Standort zu binden. Die meisten grösseren Unternehmen haben Niederlassungen an mehreren oder sogar an all diesen Standorten. Für den Insurance Linked Securities Markt, und damit für den Katastrophenanleihenmarkt ist insbesondere Bermuda von Relevanz, da die meisten zur Strukturierung verwendeten Zweckgesellschaften ihren rechtlichen Sitz dort haben (Allen & Milne, 2015). Ein Grossteil der Asset Manager, welche sich auf Katastrophenanleihen spezialisiert haben, sitzt hingegen in Zürich oder London.

RISIKOTRANSFER: VOM VERSICHERUNGSNEHMER BIS ZUM STEUERZAHLER

Der Zweck eines Versicherungsvertrages ist es, das Risiko eines signifikanten wirtschaftlichen Schadens als Folge eines Ereignisses auf eine einzelne Person, eine Personengruppe oder eine Entität abzufedern oder komplett zu eliminieren. Dies wirkt sich wohlstandsfördernd vor allem unmittelbar auf die betroffene Person oder Entität aus, ist aber auch volkswirtschaftlich relevant. Um dieses Ziel zu erreichen, wird hierfür Risiko vom Kunden auf andere Parteien übertragen. Diese Übertragung von Versicherungsrisiken wird gemeinhin als «Risikotransfer» bezeichnet. In diesen Risikotransfer sind naturgemäss verschiedene Parteien, davon mindestens zwei, involviert. Der Risikogeber, also die Person oder Einheit, die ein Risiko abgeben möchte, fungiert als der Zedent, und gibt gegen Zahlung einer Versicherungsprämie ein bestimmtes Risiko an eine willige Gegenpartei ab.

ABBILDUNG 5: DIE VERSICHERUNGSKETTE - VON DER POLICE BIS ZUM STEUERZAHLER

Im Alltagsgebrauch würde das beispielsweise bedeuten,

dass ein Endkunde, zum Beispiel eine Privatperson oder ein Unternehmen, einen Versicherungsvertrag mit einem Erstversicherer abschliesst. Dies könnte zum Beispiel eine Sachversicherung gegen Hagelschäden an Gebäuden sein. Der Erstversicherer schreibt viele dieser einzelnen Policen und akkumuliert so ein Portfolio an Versicherungsrisiken. Hierbei versucht der Versicherer, ein Portfolio solcher Policen aufzubauen, bei dem er - basierend auf statistischen Berechnungen - langfristig mehr Prämieneinnahmen generieren kann, als er an Versicherungsschäden zu erwarten hat. Damit generiert er dann einen Gewinn.

Diese statistischen Modelle und Berechnungen funktionieren am besten für gut erforschte Einzelrisiken, wie zum Beispiel Autounfälle oder Feuerschäden an Einzelgebäuden, welche nur isoliert auftreten und lediglich einzelne Versicherungsnehmer betreffen. Da diese Ereignisse unabhängig voneinander auftreten, ist ein grosses Portfolio dieser Risiken bei guter Modellierungsqualität stabil vorhersehbar, und die Profitabilität wird damit gut planbar. Die jährlichen Schwankungen sollten daher minimal sein, und das Portfolio sollte sich im Rahmen der aktuarischen Erwartungen entwickeln (Smith & Kane, 1994). Bei Naturkatastrophen ist dies leider jedoch nicht der Fall, da sich eine einzelne Naturkatastrophe auf viele Policen im Portfolio gleichzeitig auswirkt, was zu einem massiven Verlust für den Versicherer führen kann. Für einen

Erstversicherer in Florida ist es beispielsweise eher unwahrscheinlich, dass mehr als ein paar einzelne Gebäude gleichzeitig durch Brandstiftung abbrennen. Hierdurch kann also insgesamt kein grosser Schaden entstehen. Ein grosser Hurricane hingegen kann tausende oder sogar zehntausende Einzelpolicen gleichzeitig betreffen und den Erstversicherer bei Fehlen des entsprechenden Schutzes durch eine Rückversicherung in die Insolvenz treiben. Genau aus diesem Grund gibt es den globalen Rückversicherungsmarkt. Die global agierenden und meist sehr grossen Rückversicherungsunternehmen sind in der Lage, Naturkatastrophenrisiken in verschiedenen Teilen der Welt zu übernehme. Dies ermöglicht ihnen dann wiederum, aus diesen einzelnen Klumpenrisiken ein beherrschbares und modellierbares Portfolio zu bauen, bei dem man sich wieder auf statistische Methoden zur Risikoplanung verlassen kann.

Im Falle der Naturgefahren in den USA, vor allem bei Hurricane- und Erdbebenrisiken, ist jedoch selbst der internationale Rückversicherungsmarkt zu klein und kann nicht immer die notwendige Kapazität zu attraktiven Konditionen gewährleisten. Aus diesem Grunde sind auch Rückversicherer gelegentlich selbst Käufer von Rückversicherungsschutz, um gewisse Risiken weiterzugeben. Diese «Rückversicherung für Rückversicherer» nennt sich Retrozession, oder auch kurz «Retro». Katastrophenanleihen und andere ILS sind wichtige Teile dieses Retro-Marktes, aber nicht jede

Katastrophenanleihe oder jedes ILS Instrument ist zwangsläufig eine Retro-Deckung.

Trotz dieser Kette an Risikotransfermechanismen, die es erlauben, Versicherungsrisiken effizient global zu verteilen, gibt es Risiken, die für den gewinnorientierten Rückversicherungsmarkt nicht versicherbar bleiben, da sie entweder zu gross oder zu schlecht modellierbar sind. Dies betrifft beispielsweise das Risiko von Reaktorunfällen, wie Tschernobyl oder Fukushima, von Terroranschlägen oder von globalen Pandemien, wie zum Beispiel der Ausbruch des SARS-CoV-2 Virus im Jahr 2020. Für diese Spezialfälle trägt in der Regel der Steuerzahler die ultimative Verantwortung, wenngleich auch hier versucht wird, zum Beispiel über Mechanismen wie den «Extremus» Terror Pool in Deutschland, ein gewisses Mass an Risikoverteilung vorzunehmen. Auch kann es sein, dass der Steuerzahler lediglich indirekt für die Schäden haftet, wie zum Beispiel im Falle der durch die SARS-CoV-2 Pandemie hervorgerufenen höheren Arbeitslosigkeit. Hier erhalten Betroffene zwar keinen Risikoausgleich im Rahmen einer üblichen Versicherung, sondern werden durch die nationalen Arbeitslosen- und Sozialversicherungen zumindest teilweise entschädigt. Die Kosten hierfür trägt dann natürlich trotzdem der Steuerzahler.

ALTERNATIVES
RÜCKVERSICHERUNGSKAPITAL

Der Anstieg von Immobilienpreisen und die zunehmende Urbanisierung hat in den vergangenen Jahrzehnten zu einer Zunahme der versicherten Naturkatastrophenschäden beigetragen, während aber die Kapitalbasis der globalen Rückversicherungsunternehmen nicht in gleichem Tempo gewachsen ist. Die Möglichkeit des Risikotransfers stösst damit zwangsläufig an die Grenzen des Machbaren, bzw. des ökonomisch Sinnvollen. So würde zum Beispiel ein erneutes Erdbeben in San Francisco mit gleicher Stärke wie das von 1906 oder ein Hurricane der Kategorie 5 in Miami vermutlich zu versicherten Schäden jenseits der $150 Mrd. Marke führen. Bei einer Kapitalbasis aller Rückversicherungsunternehmen von nur knapp über $500 Mrd. per Mitte 2020 hätte damit eine einzelne solche Katastrophe das Potential, ein Drittel des weltweit verfügbaren Rückversicherungskapitals aufzubrauchen. Ein massiver Preisanstieg für Versicherungsdeckung in den Folgejahren, und die damit verbundenen negativen makroökonomischen Auswirkungen wären daher wohl eine wahrscheinliche Konsequenz. Ein Ausfall einzelner Erst- oder sogar Rückversicherer könnte ebenfalls nicht ausgeschlossen werden.

Alternatives Rückversicherungskapital, welches von globalen Kapitalmarktinvestoren bereitgestellt wird, ist daher ein sinnvolles Instrument, um eine Deckungslücke zu verhindern. Eine exakte allgemeingültige Definition von «alternativem Rückversicherungskapital» gibt es zwar nicht, aber letztlich handelt es sich hierbei um Instrumente, deren Profitabilität an das (Nicht-)Auftreten vorab definierter versicherter Ereignisse gekoppelt ist. Solche kapitalmarktfähigen Instrumente bezeichnet man daher meist als «Insurance Linked Securities», oder auch «ILS». Der Cat-Bond-Markt ist Teil dieses ILS Marktes. Mit einer Marktgrösse von nahezu $40 Mrd. ist er die etablierteste Anlageklasse innerhalb dieses Segmentes. Insurance Linked Securities ermöglichen Kapitalmarktteilnehmern eine Investition in Rückversicherungsrisiken, ohne dass diese sich selbst als Rückversicherungen regulieren lassen müssen. Dies erlaubt einen kostengünstigen Risikotransfer vom Rückversicherungsmarkt zum Kapitalmarkt, um bestimmte Klumpenrisiken zu transferieren. Da der Kapitalmarkt kaum Exposition zu Versicherungsrisiken hat, sind diese «Klumpenrisiken» aus Versicherungssicht in der Wahrnehmung der meisten Investoren im Kontext von Aktien- oder Anleihen-Portfolios diversifizierend.

Das starke Wachstum des Marktes für Katastrophenanleihen, wie auch generell des restlichen alternativen Rückversicherungskapitals in den vergangenen zehn Jahren macht deutlich, dass hier eine robuste Nachfrage seitens der Versicherungsindustrie besteht. Daten von Marktintermediären, wie zum Beispiel untenstehend von AON (AON plc, 2020), erlauben eine ungefähre Einschätzung, wieviel alternatives Kapital es im Rückversicherungsmarkt bereits gibt. Die letzte Schätzung, publiziert Mitte 2020, beträgt ca. $91 Mrd. Im Jahr 2006 waren es nur knapp $17 Mrd. Auch das traditionelle Kapital im Rückversicherungsmarkt ist im gleichen Zeitraum gewachsen, der Markt für alternatives Kapital wuchs jedoch deutlich stärker, und konnte den Marktanteil von 4.4% im Jahr 2006 auf rund 15% Mitte 2020 mehr als verdreifachen.

ABBILDUNG 6: TRADITIONELLES UND ALTERNATIVES RÜCKVERSICHERUNGSKAPITAL WELTWEIT 2006-2018 (AON PLC, 2020)

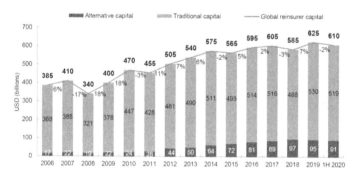

Der Insurance Linked Securities Markt besteht im Wesentlichen aus zwei Hauptsegmenten. Zum einen wären dies, wie bereits erwähnt, die Katastrophenanleihen, mit ca. $40 Mrd. an Marktvolumen. Der andere wesentliche Teil wird auch als «Collateralized Reinsurance», oder im Deutschen als «besicherte Rückversicherungsverträge» bezeichnet. Dieses Marksegment ist ca. $50 Mrd. gross.

Beide Teilmärkte, also Katastrophenanleihen und Collateralized Reinsurance, teilen wesentliche Merkmale, unterscheiden sich aber auch stellenweise sehr stark voneinander. Einer der wichtigsten Unterschiede ist die rechtliche Struktur, und die Handelbarkeit der jeweiligen Instrumente. Katastrophenanleihen sind standardisierte Instrumente in der Rechtsform von Anleihen, die es ermöglichen, diese im Sekundärmarkt zu handeln und in üblichen Portfoliomanagementsystemen wie jede andere Anleihe zu erfassen, und Transaktionen zu verbuchen. Katastrophenanleihen verfügen über eine Wertpapieridentifikationsnummer, eine ISIN und/oder eine CUSIP, und sind damit operationell weitgehend identisch zu Unternehmens- oder Staatsanleihen. Dies ist bei Collateralized Reinsurance Kontrakten nicht der Fall. Diese sind bilateral ausgehandelt, oft nicht standardisiert, und sind letztlich nicht ohne grossen Aufwand übertragbar. Dementsprechend gibt es dort keinen liquiden Sekundärmarkt, und es ist daher auch nicht möglich, diese Collateralized Reinsurance Instrumente in einem UCITS Fonds zu verwenden. Als Einstiegsinvestition in den alternativen Rückversicherungsmarkt sind daher im Allgemeinen eher Katastrophenanleihen zu empfehlen.

Für die traditionellen Rückversicherungskonzerne ist der Aufstieg dieser alternativen Rückversicherungsprodukte Chance und Bedrohung zur gleichen Zeit. Während ILS es diesen Konzernen erlauben, selbst ungewünschtes oder überzähliges Klumpenrisiko an den Kapitalmarkt weiterzugeben, so ist dieses neue Kapital auch ein Wettbewerber mit Auswirkungen auf die Preisgestaltung. Bevor ILS breit verfügbar wurden, waren Erstversicherer auf wenige Firmen angewiesen, die Rückversicherungsschutz anbieten konnten. Wie auch in anderen Märkten sorgte eine solche Marktkonzentration mit wenigen sehr grossen Konzernen für eine asymmetrische Machtverteilung mit grossen Vorteilen für die Rückversicherungskonzerne, die in der Preisgestaltung kaum externe Konkurrenz zu befürchten hatten. Mittlerweile kann ein Zedent, anders als in den Anfangstagen des Cat-Bond-Marktes, eine Katastrophenanleihe als Alternative zu einem klassischen Rückversicherungsvertrag vergleichsweise einfach und kostengünstig emittieren und so einen direkten Zugang zum Kapitalmarkt erhalten, was die Machtbalance zu seinen Gunsten verschiebt.

Diese Veränderung in der Marktstruktur hat sich bereits deutlich auf die Preisdynamik des sogenannten «Rückversicherungszyklus» ausgewirkt. Die üblichen Muster der Preisbildung im Rückversicherungsmarkt resultierten in der Vergangenheit bei Schadenfreiheit in über mehrere Jahre konstant fallenden Prämien. Sobald es jedoch zu einem grossen Ereignis, zum Beispiel einer Naturkatastrophe kommt, steigen die Prämien sprunghaft stark an, da sich die Schäden negativ auf die Kapitalbasis der Rückversicherer auswirken (Cummins & Trainar,

2009). Diese wird kleiner, und damit steigt der Preis für dieses nun knappere Rückversicherungskapital und damit letztlich auch die Rückversicherungsprämie. Danach beginnt wieder die Phase, in der Kapital aufgebaut wird, wodurch Prämien wieder kontinuierlich zu fallen beginnen. Historisch-empirisch lässt sich dieser Zyklus sehr gut beobachten, wie zum Beispiel nach der Terrorattacke auf die New Yorker Twin Towers im September 2001 oder nach Hurricane Andrew 1992. Diese starken Preisveränderungen lassen sich am besten durch Marktineffizienzen sowie eine geringe Kapitalelastizität im klassischen Rückversicherungsmarkt erklären. Eine grosse Naturkatastrophe oder andere verheerende Versicherungsereignisse können innerhalb von kürzester Zeit signifikante Mengen an Kapital vernichten. Dieses Kapital wieder über Profite aufzubauen dauert jedoch mehrere Jahre. Alternatives Rückversicherungskapital hingegen ist meist sehr flexibel und kann nach Katastrophen durch Kapitalzuflüsse von Investoren sehr schnell wieder aufgefüllt werden. Dementsprechend ist es auch nicht weiter überraschend, dass die Preisanstiege im Rückversicherungsmarkt in den Jahren 2017 und 2018, trotz erheblicher Verluste durch Naturkatastrophen, deutlich geringer ausgefallen sind, als dies noch vor zwanzig Jahren der Fall gewesen wäre (Robertson, 2018). Investoren haben in Antizipation höherer Prämien neues Kapital in den ILS Markt investiert, und so ein Stück weit die Realisation der eigenen Antizipation verhindert, da sie selbst das Ungleichgewicht zwischen Angebot und Nachfrage, von dem sie profitieren wollen, reduziert haben.

KAPITEL 3

KATASTROPHEN-ANLEIHEN

EINFÜHRUNG UND MARKTÜBERSICHT

Katastrophen und massive Marktverwerfungen waren historisch häufig die Treiber von Innovation in der Finanzindustrie. Auf kaum ein andere Anlageklasse trifft dies aber so exakt zu, wie auf den Markt für Katastrophenanleihen. Die von Naturkatastrophen hervorgerufenen Verluste für die Rückversicherungs-Industrie können derart signifikante Werte erreichen, dass hierdurch die Stabilität der Industrie insgesamt gefährdet werden kann (Polacek, 2018). Hurricane Andrew, ein Kategorie 5 Sturm, der 1992 auf die US-Bundesstaaten Florida und Louisiana traf, verursachte beispielsweise versicherte Schäden von $49.7 Mrd. (Smith, et al., 2019), inflations-adjustiert auf 2018-Werte. Als Folge dieser Schäden kam es zu einer Pleitewelle: Acht Versicherungsgesellschaften mussten Insolvenz anmelden, und viele weitere Versicherer hatten ebenfalls enorme Verluste zu verbuchen (McChristian, 2012) und konnten teils nur knapp einer Insolvenz entgehen.

Die Versicherungsindustrie hat auf unterschiedlichen Wegen auf diese Katastrophe reagiert. Einige Versicherer haben ihr Engagement im küstennahen Bereich zurückgefahren, andere versuchten Prämienerhöhungen durchzusetzen. Die meisten Versicherer versuchten darüber hinaus jedoch insbesondere ihre Deckung an Rückversicherungsschutz hochzufahren, um so das eigene Risiko zu reduzieren. Während es verhältnismässig leicht war, weniger Policen in küstennahen Bereichen zu verkaufen, oder auch die Prämien für Endkunden zu erhöhen, gestaltete es sich als deutlich schwieriger, mehr Rückversicherungsschutz zu ökonomisch sinnvollen Konditionen zu kaufen, da schlichtweg nicht ausreichend Kapazität im Rückversicherungsmarkt vorhanden war. Dadurch kam es nach Hurricane Andrew zu einem substanziellen Prämienanstieg für Rückversicherungsverträge, welche Naturgefahren abdecken (Litzenberger, Beaglehole, & Reynolds, 1996). Die erhöhte Nachfrage nach Rückversicherungsschutz von Erstversicherern konnte durch das bestehende Kapital nicht gedeckt werden. Dementsprechend musste neues, zusätzliches Kapital gefunden werden (Polacek, 2018).

Da es sich als schwierig herausstellte, zusätzliches Kapital im traditionellen Rückversicherungsmarkt zu beschaffen, wendeten sich die Versicherungsgesellschaften dem Kapitalmarkt zu, der natürlich vielfach grösser ist als der reine (Rück-)Versicherungsmarkt. So wurde die Idee geboren, Rückversicherungsrisiken in ein handelbares und möglichst liquides Instrument zu verpacken, um die Welt der Kapitalmärkte mit der Welt der Rückversicherungsrisiken zu verbinden. Diese an

Versicherungsrisiken gebundenen Wertpapiere nennt man gemeinhin "Insurance Linked Securities», oder kurz «ILS». Der Cat-Bond-Markt entspricht hierbei dem liquiden und damit handelbaren Teil dieses ILS Marktes. Der ILS Markt ermöglicht Investoren damit, direkt in Rückversicherungsrisiken zu investieren, während die Zedenten Naturkatastrophenrisiken abgeben und sich damit auf ihr Kerngeschäft fokussieren können (Poncet & Vaugirard, 2002).

Bereits 1994, nur zwei Jahre nach Hurricane Andrew, wurde der erste Cat Bond von Hannover Re mit einem Nominalvolumen von $85 Mio. erfolgreich platziert (Swiss Re, 2001). Fünf Jahre später wurde dann der erste Cat Bond von einer Nichtversicherungsgesellschaft begeben, und zwar von der Oriental Land Company, der Eigentümerin von Disneyland Tokyo, die sich so gegen Erdbebenrisiken absicherte (Cummings, 2008).

In den späten 1990er Jahren begannen Ratingagenturen auf Basis stochastischer Simulationen von Spezialistenfirmen wie AIR Worldwide oder RMS damit, Cat Bonds mit einem Rating zu versehen (Bouriaux & MacMinn, 2009). Da viele Investoren Kreditratings als Grundlage für ihre Risikomanagement-Modelle verwenden, machte dieser Schritt Katastrophenanleihen für breitere Investorengruppen innerhalb der Fixed Income Allokation investierbar. Als Folge der guten Performance der Anlageklasse in den ersten Jahren wuchs das Interesse von Investoren, wie auch von potentiellen Zedenten. Anfang der 2000er Jahre erreichte der Markt für Katastrophenanleihen bereits eine Grösse von $2 Mrd. Zu Beginn der Finanzkrise 2008 betrug das Gesamtmarktnominalvolumen bereits ca. $15 Milliarden. Die Insolvenz von Lehman Brothers und die darauffolgende Finanzkrise sorgte dann für einen temporären Rückgang im Emissionsvolumen, da aufgrund von Struktur-Schwächen auch einige Cat Bonds von der Lehman-Insolvenz betroffen waren (heutzutage ist dies nicht mehr der Fall, da die Strukturen mittlerweile angepasst wurden). Seit 2011 konnte der Markt dann in einen langfristigen Wachstumstrend übergehen, in dem die Marktgrösse bis Ende 2020 auf nahezu $40 Mrd. an Nominalvolumen wuchs (Artemis, 2020).

ABBILDUNG 7: CAT BOND MARKTGRÖSSE 1997 - 2020 (ARTEMIS, 2020)

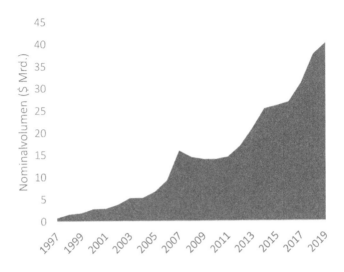

Die teuren Naturkatastrophen in den Jahren 2017 und 2018, also vor allem die Hurricanes Harvey, Irma, Maria, sowie die verheerenden Waldbrände in Kalifornien, konnten das Wachstum des Cat-Bond-Marktes nicht stoppen, obwohl es hierdurch zum Ausfall einer Anleihen kam. Diese auch für den Cat-Bond-Markt herausfordernde Phase konnte eindrücklich unter Beweis stellen, dass die Marktstruktur auch in schwierigen Situationen gut funktioniert. Dies betrifft insbesondere die Themen Sekundärmarktliquidität, wie auch die Bewertung von Positionen auf Basis von «Mark-to-Market», die selbst während der aktiven Hurricanes stets zufriedenstellend funktioniert hat. Viele Investoren, die Cat Bonds vorher mit Skepsis betrachtet haben, waren positiv überrascht, wie gut sich der Markt in dieser Zeit halten konnte und wie diszipliniert die Akteure und Investoren agiert haben. So gab es zum Beispiel keine signifikanten Panikverkäufe und damit entsprechend auch keine übertriebene Sekundärmarktvolatilität, die nicht durch fundamentale Gründe (d.h. erwartete Ausfälle) erklärbar gewesen wäre. Rückblickend betrachtet war diese strukturelle Stärke des Cat-Bond-Marktes einer der Gründe, warum in den Jahren nach 2017 viele neue Investorengruppen begannen, in Katastrophenanleihen zu investieren.

RECHTLICHE UND ÖKONOMISCHE STRUKTUR

RECHTLICHE STRUKTUR

Eine Katastrophenanleihe besteht im Allgemeinen aus einem Rückversicherungsvertrag, der über den Prozess der Verbriefung in ein handelbares Wertpapier transformiert wird. Diese Katastrophenanleihe erhält dann, wie jedes andere Wertpapier auch, eine eindeutige Identifikationsnummer. Typischerweise ist dies eine ISIN bzw. eine CUSIP Kennung. Hierdurch ist es möglich, diese Katastrophenanleihe operativ (z. B. im Settlement Prozess) genauso abzuwickeln wie jede andere Unternehmens- oder Staatsanleihe auch. Dies macht es für Kapitalmarktinvestoren, in der Regel Investment Fonds, möglich, in diese Instrumente zu investieren und sie wie auch andere festverzinsliche Wertpapiere zu handeln. Rechtlich wird diese Transformation von einem Rückversicherungsvertrag zu handelbaren Wertpapieren in mehreren Schritten erreicht, welche in folgendem Schema dargestellt sind.

ABBILDUNG 8: RECHTLICHE CAT BOND STRUKTUR

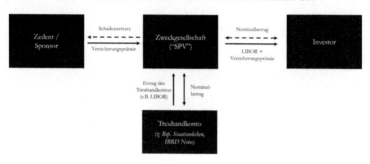

Im ersten Schritt geht der Sponsor, also der Versicherungsnehmer bzw. Zedent, den gewünschten Rückversicherungsvertrag mit einer Zweckgesellschaft («Special Purpose Vehicle» oder «SPV») ein, die eigens zu diesem Zweck errichtet wird. Dieser Rückversicherungsvertrag beinhaltet die genauen Details zum Versicherungsschutz (z. B. Art der versicherten Risiken und die genauen Bedingungen), sowie zur Versicherungsprämie. Insbesondere ist die maximal versicherte Schadenssumme (das «Limit») definiert, die der Sponsor bei Eintreffen eines relevanten Schadensfalles ersetzt bekommen kann.

Im zweiten Schritt emittiert die Zweckgesellschaft eine Anleihe, den «Cat Bond». Das Nominalvolumen dieser Anleihe ist identisch zum Limit, also der maximalen Schadenssumme, die im vorherigen Schritt im

Rückversicherungsmarkt definiert wurde. Bei Neuemission kaufen Investoren diese Anleihe, in der Regel zum Preis von 100, und bezahlen entsprechend das Nominalvolumen in diese Zweckgesellschaft («SPV») ein. Technisch gesehen handelt es sich hier also um ein normales «Delivery versus Payment» Geschäft, wie dies bei der Emission von festverzinslichen Wertpapieren üblich ist. Der Investor erhält die Anleihe in sein Depot eingebucht, das SPV erhält Liquidität in Höhe des Nominalbetrags. Da dieser Prozess über die üblichen Clearing Systeme (z. B. Euroclear, Clearstream) abgewickelt wird, wird Kontrahentenrisiko vermieden.

Im dritten Schritt wird die Liquidität, die das SPV von den Investoren erhalten hat, in einem Treuhandkonto deponiert und zur Vermeidung von Kreditrisiko in kurzlaufendes Collateral investiert. Typischerweise handelt es sich hier um US-Staatsanleihen mit einer Restlaufzeit von unter einem Jahr, um Geldmarktfonds, die in US-Staatsanleihen investieren, oder um Anleihen, die von supranationalen Organisationen wie der Weltbank (IBRD) oder der Europäischen Entwicklungsbank (EBRD) emittiert werden. Der Zins, der auf diese Investitionen verdient wird, verhält sich aufgrund der kurzen Laufzeit dieser Papiere nahezu wie eine variable Verzinsung, da auslaufende Anleihen kontinuierlich durch neue ersetzt werden. Durch die resultierende niedrige Duration ist das Zinsänderungsrisiko für den Investor entsprechend sehr gering.

Während der Laufzeit der Katastrophenanleihe erhält der Investor einen Coupon, der sich aus der vereinbarten Versicherungsprämie und dem erzielten Ertrag der Treuhandinvestitionen zusammensetzt. Am Ende der Laufzeit erhält der Investor sein eingesetztes Kapital zurück, wenn kein relevantes Versicherungsereignis eingetreten ist. Sollte jedoch während der Laufzeit ein Versicherungsereignis eingetreten sein, das zu einem anrechenbaren Schaden führt, würde der Sponsor den Schaden ersetzt bekommen und das Nominalvolumen der Anleihe entsprechend reduziert werden. Dem Investor würde also ein Verlust entstehen, je nach Höhe entweder durch einen Teil- oder einen Totalausfall der Anleihe. Die genauen Definitionen was ein anrechenbarer Schaden im Kontext der Anleihe ist, ist im Rückversicherungsvertrag und in der Dokumentation der Katastrophenanleihe exakt dokumentiert und vorab festgelegt. Ebenfalls ist es möglich, die Endfälligkeit der Anleihe um typischerweise bis zu drei Jahre hinauszuzögern («Extension»), falls noch Unklarheit besteht, ob es zu einem solchen Schadensfall gekommen ist, bzw. ob der entstandene Schaden gewisse Schwellenwerte überschreitet. Auch hierfür gibt es exakt vorab definierte Bedingungen, wann dies möglich ist.

Die hier beschriebene rechtliche Struktur resultiert in verschiedenen Vorteilen für alle involvierte Parteien. Am wichtigsten ist die Tatsache, dass durch Verwendung einer Zweckgesellschaft kein Kontrahentenrisiko zwischen Versicherungsnehmer und Investor entsteht. Da der

Nominalbetrag der Katastrophenanleihe während der Laufzeit auf einem Treuhandkonto in risikoarme Wertpapiere investiert wird, würde selbst eine Insolvenz des Zedenten zu keinem Ausfall des Cat Bonds führen. In aller Regel würde dann schlichtweg die Anleihe vorzeitig zu einem Preis von 100 zurückgezahlt werden. Der Investor hätte also keine Abschreibung des Nominalvolumens zu befürchten. Da der Investor kein Kreditrisiko zu befürchten hat, entsteht hierdurch die fundamentale Abkopplung von der Entwicklung der Kreditmärkte insgesamt. Ebenfalls spielen volkswirtschaftliche Entwicklungen (z. B. Rezessionen, Bankenkrisen) keine Rolle, da diese sich zwar auf Kreditmärkte auswirken würden, jedoch für Katastrophenanleihen dank ihrer rechtlichen Struktur nicht relevant sind. Auch der Sponsor hat hier Vorteile, da er Gewissheit hat, dass das zur Schadensdeckung notwendige Kapital auch tatsächlich vorhanden ist, da dieses auf dem Treuhandkonto hinterlegt ist. In einem traditionellen Rückversicherungsvertrag, der zwischen Versicherungsnehmer und einer Rückversicherungsfirma abgeschlossen wird, ist dies übrigens nicht der Fall. Da diese Verträge meist unbesichert sind, ist der Versicherungsnehmer dem Kreditrisiko des Rückversicherers ausgesetzt. Insbesondere bei grossen Naturkatastrophen könnte ein Szenario entstehen, bei dem die Bonität von selbst sehr grossen Rückversicherungsfirmen leiden könnte.

Durch die Verwendung dieser Verbriefungsstruktur zusammen mit kurzlaufenden Investitionen in sichere Geldmarktpapiere auf einem Treuhandkonto werden also sowohl Kreditrisiken wie auch ein Zinsänderungsrisiko vermieden. Hierdurch wird die fundamentale Entkopplung der Wertentwicklung von Katastrophenanleihen von klassischen Finanzmarktthemen erreicht. Als einzig signifikantes Risiko verbleibt dem Investor damit das Ereignisrisiko, gegen das die Katastrophenanleihe bewusst absichern soll.

ÖKONOMISCHE STRUKTUR

Die Profitabilität einer Katastrophenanleihe ist abhängig von der Höhe des Coupons abzüglich möglicher Verluste aufgrund vom (Nicht-)Auftreten versicherter Ereignisse. Die Höhe des Coupons ist vorab definiert und mögliche Unsicherheiten gibt es nur bezüglich der variablen Zinskomponente, die auf dem Treuhandkonto über Geldmarktinstrumente verdient wird. Da sich diese Zinskomponente in der Regel innerhalb kurzer Zeit nicht stark verändert, ist das Couponeinkommen insgesamt also recht gut vorhersehbar. Der mögliche Verlust aufgrund versicherter Ereignisse hingegen ist deutlich schwieriger abzuschätzen. Selbst bei perfekter Modellierung, bei der man mit Sicherheit wüsste, wie oft über einen sehr langen Zeitraum ein Verlust eintritt, würde man immer noch nicht wissen, wann dieser eintritt. Diese Modellierung wird in diesem Buch später noch einmal im Detail beleuchtet.

Der zentrale Teil innerhalb der rechtlichen Dokumentation einer Katastrophenanleihe ist die Definition der versicherten Ereignisse, die das Risikoprofil der gesamten Transaktion bestimmt. Hier ist dokumentiert, welche Risikoarten überhaupt abgedeckt sind, z. B. Hurricanes, und welche Parameter diese Katastrophen und die daraus resultierenden Schäden aufweisen müssen, damit es zu einer Auszahlung der Schadenssumme an den Versicherungsnehmer durch den Cat Bond kommt. Während sich jede einzelne Anleihe bezüglich der Ausgestaltung im Detail unterscheidet, z. B. durch verschiedene Trigger Typen und Deckungen, so gibt es doch einige gemeinsame Grundstrukturen, die bei nahezu sämtlichen Katastrophenanleihen vorhanden sind:

1. Besicherung («Collateralization»):

Wie bereits in der Dokumentation der rechtlichen Struktur erwähnt, ist die maximal auszahlbare Schadenssumme in jedem Cat Bond voll durch das eingezahlte Nominalvolumen besichert. Die Haftung des Cat Bonds (und damit des Investoren!) beschränkt sich entsprechend auf das investierte Kapital. Eine Nachschusspflicht gibt es nicht. Der Zedent hat durch diese Besicherung die Gewissheit, dass das versprochene Kapital im Schadensfall tatsächlich zur Verfügung steht, wenn er einen legitimen Anspruch hierauf stellen sollte. Gleichzeitig ist der

Investor vor möglichen Nachschusspflichten geschützt, wie dies bei jeder anderen «normalen» Anleihe auch der Fall ist. Man spricht daher im Fachjargon auch davon, dass Katastrophenanleihen «voll besicherte» Instrumente sind. Dies steht im Kontrast zu klassischen Rückversicherungsverträgen, die in der Regel unbesichert sind und bei denen der Versicherungsnehmer folglich stets das Risiko trägt, dass der Rückversicherer eventuell nicht in der Lage sein könnte, mögliche Schadensersatzansprüche tatsächlich zu bezahlen. Aus diesem Grunde sind in nahezu sämtlichen Ländern (Rück-)Versicherungsgesellschaften strikt reguliert, da der Gesetzgeber sicherstellen möchte, dass diese Firmen über einen adäquaten Kapitalpuffer verfügen, um im Schadensfall solvent und liquide zu bleiben.

2. Nicht proportionaler Rückversicherungsvertrag, «Excess of Loss»:

Die Mehrheit aller Katastrophenanleihen decken Schäden nur, wenn diese einen gewissen Schwellenwert überschreiten. Man spricht daher von einem «Excess of Loss» Rückversicherungsvertrag, oft auch mit «XOL» abgekürzt. Diese Verträge werden auch als nicht-proportionale Instrumente bezeichnet, da nicht jeder versicherte Schaden beim Zedenten automatisch zu einem Verlust auf dem Rückversicherungsvertrag führt. Bei einem «proportionalen» Rückversicherungsvertrag würde man zum Beispiel stets einen bestimmten Prozentsatz sämtlicher versicherter Schäden bezahlen, ohne einen minimalen Schwellenwert. Der in einem Cat Bond definierte minimale Schwellenwert wird als «Attachment Punkt» bezeichnet und ist in der rechtlichen Dokumentation festgehalten. Ein Schaden unterhalb dieses Schwellenwertes reicht also nicht aus, um zu einem Verlust für den Cat Bond Investor zu führen. Oft gibt es aber auch andere Verträge, zum Beispiel mit klassischen Rückversicherern, die der Zedent abgeschlossen hat, die niedrigere Schwellenwerte haben und entsprechend dort einen Schutz für den Zedenten gewährleisten. Dies spielt für den Cat Bond Investor aber meist keine Rolle. Sobald die Verluste den Nominalwert des Cat Bonds übersteigen, ist der sogenannte «Exhaustion Punkt» erreicht. Wenn Schäden diese Schwelle überschreiten, kommt es zu einem Totalverlust für den Investor. Da darüber hinaus keine Nachschusspflicht besteht, verbleiben weitere Schäden entweder beim Zedenten oder sind über andere Verträge abgedeckt.

ABBILDUNG 9: SIMPLIFIZIERTE ÖKONOMISCHE STRUKTUR EINER KATASTROPHENANLEIHE

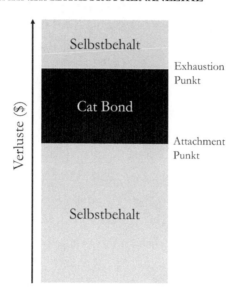

3. Risikoperiode und Verlängerung:

Die meisten Cat Bonds haben ein Fälligkeitsprofil von maximal zwei bis vier Jahren, in denen sie eine Deckung für bestimmte versicherte Schäden bereitstellen. Dieser Zeitraum nennt sich «Risikoperiode». Das normale Fälligkeitsdatum, bei dem der Nominalbetrag zurückgezahlt wird, liegt in der Regel kurz (d.h. einige Tage) hinter dem Ende dieser Risikoperiode. Sollte es zu keinerlei signifikanten Ereignissen gekommen sein, wird der Bond zu diesem geplanten Fälligkeitsdatum zusammen mit dem Coupon der letzten Periode zurückbezahlt. Falls es jedoch während der Risikoperiode zu signifikanten

Schäden gekommen ist, besteht die Möglichkeit, das Rückzahlungsdatum zu verschieben. Es kommt also zu einer Verlängerung der Endfälligkeit. Diese Verlängerung dient lediglich dazu, Klarheit zu erlangen, wie hoch die während der Risikoperiode entstandenen Schäden sind. Neue Ereignisse nach Ende der ursprünglichen Risikoperiode sind nicht gedeckt! Meist sind bestimmte Schwellenwerte definiert, in denen es zu einer Verlängerung kommen kann, zum Beispiel wenn Schäden während der Risikoperiode 70% des Attachment Punktes erreicht haben. Oft kann der Zedent auch bei Schäden unterhalb dieser Schwelle den Bond verlängern, muss hier aber einen Zinszuschlag von ca. 2.0-2.5% zahlen. Die Verlängerungszeit kann je nach Komplexität der Schadensabrechnung von wenigen Monaten bis zu vier Jahren reichen. Wie erwähnt, zählen neue Ereignisse aber nicht mehr, lediglich die Abrechnung von innerhalb der Risikoperiode stattgefundenen Ereignissen kann zu Verlusten führen. Auch eine nachträgliche «Aufschreibung» ist möglich, wenn bereits zu viel Nominalbetrag abgeschrieben wurde und sich die Schäden im Nachhinein verbessert haben. In der Regel kommt es aber bei Verlängerungen tendenziell eher zu negativen Wertentwicklungen, da sich die versicherten Schäden nach Ereignissen oft nachträglich erhöhen, bzw. die initialen Prognosen zu optimistisch waren. So haben sich zum Beispiel nach dem Jahr 2017 die Schadensprognosen der Hurricane Harvey, Irma und Maria als teils deutlich zu niedrig erwiesen und es kam im Nachhinein zu weiteren Wertberichtigungen betroffener Anleihen.

ABBILDUNG 10: SCHADENSENTWICKLUNG DER HURRICANE DES JAHR 2017 (PCS PROPERTY CASUALTY SERVICE, 2020)

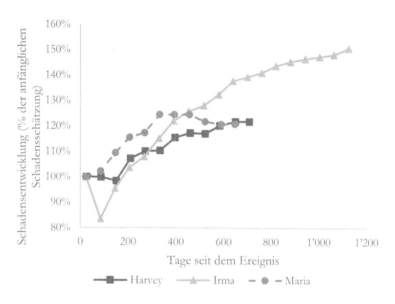

Der maximale Verlängerungszeitraum unterscheidet sich meist nach Triggertyp (auf die verschiedenen Trigger wird noch an anderer Stelle eingegangen). In der Regel gilt: Umso komplexer die Schadensberechnung ausfällt, desto länger ist die mögliche Verlängerungsperiode. Parametrische Bonds sind mit relativ kurzen Verlängerungsmöglichkeiten strukturiert, während Anleihen mit Indemnity Trigger teilweise um bis zu fünf Jahre verlängert werden können. Dies liegt daran, dass auch die zugrunde liegenden Versicherungspolicen teilweise noch Jahre nach dem Ereignis nicht final abgerechnet sind, z. B. da es Rechtsstreitigkeiten zwischen Hausbesitzern und dem Erstversicherer geben kann.

4. Resets:

Während der Risikoperiode können die ökonomischen Parameter, insbesondere Attachment und Exhaustion Punkt, und damit das Risikoprofil von Katastrophenanleihen angepasst werden. Dies passiert in der Regel jährlich und innerhalb eng vorgegebener Parameter. Dies ist notwendig, da der Zedent beispielsweise im Folgejahr nach der Emission der Katastrophenanleihe mehr Geschäft schreibt und ein unveränderter Attachment Punkt damit zu einer Zunahme des Risikoprofils der Katastrophenanleihe führen könnte. Eine Anpassung der Katastrophenanleihe schützt daher sowohl den Zedenten wie auch den Investor, da so sichergestellt wird, dass sich das Risikoprofil innerhalb eines vorab definierten Korridors bewegt. Diese möglichen Anpassungen werden als «Reset» bezeichnet und sind, wie alle anderen relevanten Punkte, in der rechtlichen Dokumentation eines Cat Bonds zum Zeitpunkt der Neuemission bereits definiert. Sollte sich das Risikoprofil, gemessen am erwarteten Verlust («Expected Loss») der Anleihe, aber tatsächlich verschieben, würde meist auch der Coupon angepasst werden. Ein höheres Risiko würde folglich auch mit einem höheren Coupon vergütet werden.

VERSICHERTE GEFAHREN UND REGIONEN

Die an den Markt für Katastrophenanleihen zedierten Risiken wurden immer von Naturgefahren in Industrienationen, insbesondere den USA, dominiert (Braun, 2016). Man spricht aufgrund der Dominanz dieser Risiken im Rückversicherungsmarkt generell auch von den «Hauptgefahren», oder im Englischen von «Peak Perils». Hierbei handelt es sich vor allem um Erdbeben- und Windrisiken (Hurricanes, Tornados) in Nordamerika. In diesen Regionen gibt es sowohl viele Naturgefahren, die zu grossflächigen Schäden führen können, als auch eine Häufung teurer Infrastruktur, insbesondere von Wohnimmobilen. Daher sollte es nicht überraschen, dass auch innerhalb des ILS Marktes diese nordamerikanischen Gefahren den grössten Teil des Risikos ausmachen. Grundsätzlich gibt es zwar auch in anderen Teilen der Welt, wie in Europa oder Australien, einen wertvollen Bestand an Gebäuden und sonstiger Infrastruktur, aber in vielen dieser Regionen gibt es keine Naturgefahren, die zu Schäden in ähnlich signifikanter Höhe wie in den USA führen könnten. Wohn- und Geschäftsimmobilien am Golf von Mexiko, sowie an der Atlantikküste in den USA sind derart exponiert zu verschiedenen Naturgefahren, dass diese Regionen mittlerweile klar die aus ökonomischer Sicht am meisten durch Naturkatastrophen gefährdeten Gebiete der Welt sind (Michel-Kerjana & Morlayec, 2008). Die Auswirkungen des Klimawandels könnten diese

Gefährdung in Zukunft möglicherweise sogar noch weiter verstärken. Auch Kalifornien, das zum Beispiel 1906 von einem verheerenden Erdbeben getroffen wurde, ist eine stark gefährdete Region, in der viel Versicherungsschutz gebraucht wird. In den letzten Jahren kam es auch im mittleren Westen der USA verstärkt zu signifikanten Ereignissen, wo lokale Gewitterereignisse, Hagelstürme und Tornados ebenfalls versicherte Schäden in Milliardenhöhe verursacht haben.

Letztlich führt die Häufung von Naturkatastrophenschäden in diesen Gebieten zu einer hohen Nachfrage nach Versicherungsdeckung seitens der Besitzer der Gebäude, was dann in Folge eine erhöhte Nachfrage nach Rückversicherungsschutz durch die Erstversicherer bewirkt. Selbst der globale Rückversicherungsmarkt verfügt jedoch nicht über eine ausreichende Kapitalbasis, um dieses sogenannte Kumulrisiko adäquat versichern zu können oder aus interner Risikopräferenz versichern zu wollen. Glücklicherweise verhält es sich für die meisten Kapitalmarktinvestoren umgedreht, da Naturkatastrophen in den typischen Investorenportfolios mit Aktien und Anleihen keine wesentlichen Risikotreiber sind. Für den Kapitalmarkt ist Naturkatastrophenrisiko daher diversifizierend und stellt bei angemessenem Rendite-Risiko-Verhältnis folglich ein attraktives Investment dar.

Der Markt für Katastrophenanleihen konzentriert sich

daher aus den oben genannten Gründen auch hauptsächlich auf Hurricane- und Erdbebenrisiken in den USA. Zum Zeitpunkt der Erstellung dieses Textes trugen Windrisiken im Südosten der USA (Florida, Georgia, South Carolina, North Carolina) ca. ein Drittel des Gesamtrisikos des Marktes bei. Windrisiken am Golf von Mexiko, im Nordosten der USA, sowie Erdbebenrisiken in Kalifornien machen jeweils ca. 10-20% vom Gesamtrisiko des Marktes aus.

ABBILDUNG 11: BEITRAG ZUM ERWARTETEN VERLUST DER VERSCHIEDENEN GEFAHRENREGIONEN (ARTEMIS, 2020)

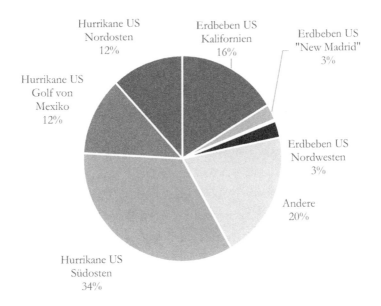

Wie auch in der Grafik dargestellt ist der Risikobeitrag (gemessen am Expected Loss) anderer Risiken, vor allem solcher ausserhalb der USA, sehr gering und in weiten Teilen nahezu unbedeutend. Diese innerhalb eines Cat Bond Portfolios diversifizierenden Risiken gibt es zwar, zum Beispiel in Japan (Erdbeben, Taifune) oder zum Teil auch in Europa (Wintersturmrisiko in Frankreich), aber ihr Gesamtvolumen im Verhältnis zu den amerikanischen Risiken ist verschwindend klein, und sie spielen daher in den Portfolien meist keine allzu relevante Rolle. Auch Gefahren abseits von Naturkatastrophen, zum Beispiel Terrorismus oder Pandemie, gibt es bereits als Katastrophenanleihen zu kaufen, sind aber ebenfalls aufgrund des bisher kleinen Volumens im Gesamtkontext nahezu unbedeutend.

Die meisten Investoren würden wohl zustimmen, dass Diversifikation, auch innerhalb einer bereits zum restlichen Finanzmarkt diversifizierenden Anlageklasse, generell als positiv zu bewerten und etwas Erstrebenswertes ist. Innerhalb der Anlageklasse «Katastrophenanleihen» bedeutet Diversifikation aber oft auch ein erhöhtes Modellrisiko und einen geringeren Ertrag. In den letzten Jahrzehnten wurde sehr viel in die Erforschung der Hauptgefahren in den hochentwickelten westlichen Industrienationen investiert. Die besten Universitäten haben Modelle entwickelt, die die Häufigkeit, Intensität und Auswirkungen auf Gebäude und Infrastruktur von Naturkatastrophen in diesen Ländern sehr präzise bestimmen können. Man kann daher davon ausgehen, dass die meisten Katastrophenanleihen, die diese Risiken abdecken, auch robust modelliert und daher gut bewertbar sind. Bei diversifizierenden Risiken innerhalb des Cat-Bond-Marktes ist dies nicht zwangsläufig der Fall. Hier ist die Spannbreite der Modellierungsqualität enorm hoch. Es gibt Risiken, wie zum Beispiel Erdbeben oder Taifune in Japan, die ebenfalls sehr präzise modelliert sind. Andererseits gibt es aber auch Risikoklassen, zum Beispiel Pandemien oder Terrorismus, wo die Modellierung deutlich schwieriger und in der Regel auch weniger präzise ist. Eine Investition in diese Risiken ist daher zwangsläufig mit der Inkaufnahme von höheren Modellierungsrisiken verbunden.

Darüber hinaus ist die Risikoprämie bei diversifizierenden Risiken im Rückversicherungsmarkt meist deutlich geringer als bei den Hauptgefahren. Dies liegt nicht nur an einer höheren Nachfrage innerhalb der Investorencommunity für solche diversifizierenden Cat Bonds, sondern auch daran, dass regulierte Versicherungskonzerne regulatorisch incentiviert sind, in solche diversifizierenden Risken zu investieren, da diese weniger eigenkapitalintensiv sind. Dieser Trend hat sich durch Einführung verschiedener regulatorischer Vorgaben, wie zum Beispiel von Solvency II, die stark modellbasiert arbeiten, in den letzten Jahren noch weiter verstärkt. Diversifizierende Risiken werden daher oft gar nicht erst an den Kapitalmarkt weitergegeben, sondern verbleiben auf der Bilanz der Versicherungskonzerne.

TRIGGERMECHANISMEN UND
ZEITLICHE DECKUNG

Die genaue Definition und das präzise Verständnis der exakten Deckungsbedingungen sind absolut essenziell, um das Chance-Risiko-Verhältnis eines Rückversicherungsvertrags bewerten zu können. Sowohl der Versicherungsnehmer wie auch der Anbieter benötigen Gewissheit, welche möglichen Schäden von der Police abgesichert werden und was die genauen Versicherungsbedingungen sind. Dies trifft auch auf Katastrophenanleihen zu, wo die exakten Ausfallbedingungen vorab definiert und bekannt sein müssen, damit der Käufer eine informierte Investitionsentscheidung treffen kann. Die Definition dieser Ausfall- und Auszahlungsbedingungen bei einer Katastrophenanleihe wird meist als «Trigger» oder als «Deckung» bezeichnet.

Investoren klassifizieren hierbei den Trigger und die Deckung sowohl in eine strukturelle wie auch in eine zeitliche Komponente.

- Der «Trigger Typ» definiert, welche Informationen, bzw. welche Datenquelle als Grundlage verwendet wird, um festzustellen, ob ein Schaden von der Katastrophenanleihe gedeckt wird. Als Datenquelle, bzw. als Referenzgrösse, könnten zum Beispiel die Schäden eines einzelnen

Versicherers dienen («Indemnity» Anleihe), die Schäden, die von allen Versicherungsunternehmen durch ein Ereignis versichert sind («Industry-Index-Linked» Anleihe), oder physische Parameter des Ereignisses selbst, wie zum Beispiel die Magnitude des Erdbebens oder der minimale Druck eines Hurricanes («Parametrische» Anleihe).

- Die «Deckung» einer Katastrophenanleihe definiert, ob jedes Ereignis individuell eine gewisse Schadenshöhe erreichen muss, ab welcher eine Auszahlung stattfindet («Occurence» Anleihe), oder ob Schäden über einen gewissen Zeitraum, zum Beispiel ein Kalenderjahr, akkumuliert werden («Aggregate» Anleihe).

Im Cat Bond Universum gibt es aktuell einen etwas grösseren Anteil an aggregierenden Anleihen als an Occurence Strukturen. Auf der Trigger Seite dominieren Indemnity-Strukturen, da die Zedenten in der Regel bevorzugen, den eigenen erlittenen Schaden als Referenzgrösse zu verwenden, da dies das Basisrisiko zwischen Versicherungsbuch und Rückversicherungsdeckung minimiert.

ABBILDUNG 12: MARKTAUFTEILUNG NACH DECKUNG UND TRIGGER (ARTEMIS, 2020)

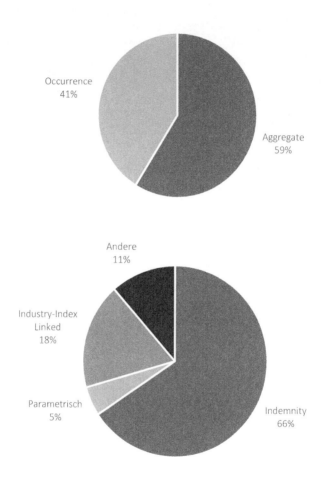

Es soll hier nicht unerwähnt bleiben, dass diese Marktaufteilung keineswegs statisch ist, sondern sich permanent verändert und meist von den allgemeinen

CAT BONDS: INVESTIEREN IN NATURGEFAHREN

Marktbedingungen abhängig ist. So ist zu beobachten, dass in Zeiten von niedrigen Renditen und generell laxeren Versicherungsbedingungen auch mehr Indemnity Anleihen emittiert werden. Zedenten bevorzugen Indemnity Transaktionen, um das Basisrisiko zwischen zugrunde liegendem Exposure und Rückversicherungsschutz zu minimieren. In Zeiten, in denen Rückversicherungskapital knapp und damit auch teuer ist, sind Investoren meist in der Lage, einfachere und transparentere Strukturen im Index-Linked oder im parametrischen Format auszuhandeln.

TRIGGER TYP: PARAMETRISCH

Der parametrische Trigger bei Katastrophenanleihen wird von Investoren häufig als die einfachste mögliche Struktur angesehen, da diese Trigger meist sehr transparent und simpel gestaltet sind. Bei einem parametrischen Trigger wird die Auszahlung, und damit der Ausfall der Katastrophenanleihe an gewisse physikalische Werte geknüpft, wie zum Beispiel an die Magnitude eines Erdbebens in einer gewissen Region oder an den minimalen Luftdruck eines Hurricanesystems. So könnte man zum Beispiel einen parametrischen Cat Bond gestalten, welcher ausfällt, sobald ein Erdbeben mit einer Magnitude von grösser als 6.5 in einem Umkreis von 100 km von San Francisco auftritt. Bei einer solch simplen

Struktur könnte jede interessierte Partei innerhalb von wenigen Minuten nach Auftreten eines Erdbebens Klarheit darüber erhalten, ob ein Ausfall wahrscheinlich ist. Man müsste hier lediglich die Webseite der offiziellen Datenquelle konsultieren. Bei Erdbeben ist dies meist die Internetpräsenz des US Geological Surveys («USGS»). Dort werden Magnitude und Epizentrum für jedermann zugänglich publiziert. Da das Schicksal eines parametrischen Bonds ausschliesslich von der referenzierten Messgrösse abhängt, ist es sehr wichtig, einen unabhängigen und vertrauenswürdigen Datenlieferanten zu verwenden. Aus diesem Grund werden meist der USGS (für Erdbebenanleihen) und das National Hurricane Center («NHC») für parametrische Hurricaneanleihen verwendet. Beide Organisationen sind staatlich geführt und werden im Rückversicherungsmarkt als vertrauenswürdig und als Lieferant akkurater Daten akzeptiert.

Das reale Beispiel unten zeigt die Auszahlungsbedingungen der «MultiCat Mexico 2012» Katastrophenanleihe, die mit parametrischem Auszahlungstrigger strukturiert wurde. Bei dieser Anleihe wurde über GPS-Koordinaten ein Areal definiert, in dem der minimale Zentraldruck von Hurricanes beobachtet wird. Sollte der Zentraldruck unter bestimmte Werte fallen, würde eine (Teil-)Auszahlung der Anleihe stattfinden. Im konkreten Fall würde die Anleihe komplett ausfallen (Totalverlust), wenn der Druck weniger als 920mb betragen würde. Bei einem Druck zwischen 920 und 932mb würde ein Teilausfall und der Verlust der Hälfte des Nominalwerts der Anleihe resultieren. Sollte der Druck nie unter 932mb fallen, würde die Anleihe normal weiterlaufen, ohne dass es zu einem Verlust für den Investoren käme.

ABBILDUNG 13: PARAMETRISCHE GESTALTUNG DES TRIGGER VON MULTICAT MEXICO 2012 (ARTEMIS, 2019)

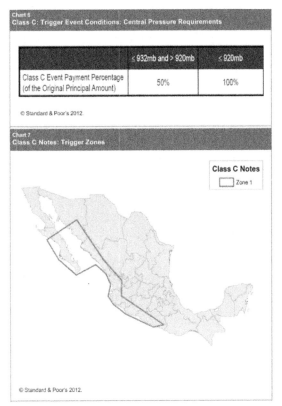

Das genannte Beispiel zeigt eine relativ simple

Ausgestaltung einer parametrischen Katastrophenanleihe, wie dies auch in der Realität meist der Fall ist. Nicht jede parametrische Katastrophenanleihe ist aber zwangsläufig so einfach aufgebaut, auch wesentlich komplexere Strukturen sind möglich. Ein Beispiel wären hier die Pandemieanleihen der Weltgesundheitsbehörde, die 2017 emittiert wurden, um im Falle einer Pandemie schnell finanzielle Mittel bereitzustellen mit dem Ziel, Schutz- und Testausrüstung finanzieren zu können (World Bank, 2017).

Der Ebola Ausbruch im Kongo im Jahr 2014 hat gezeigt, wie wichtig es für die WHO ist, möglichst frühzeitig finanzielle Mittel zu erhalten, da es zu Beginn einer Pandemie noch verhältnismässig günstig ist, Gegenmassnahmen zu beginnen, und so die Ausbreitung von Viren oder Bakterien zu verlangsamen. Um dieses Ziel auch in der Struktur der Katastrophenanleihe abzubilden, wurde ein parametrisches Auszahlungsprofil gewählt, das bestätigte Fallzahlen und bestätigte Todesfälle als Datengrundlage verwendet. Da eine Pandemie aber bereits in den Anfangsstadien verhindert werden soll, wurde statt einer vergleichsweise hohen Schwelle absoluter Fallzahlen oder bestätigter Toten, eine niedrigere Schwelle gewählt, die dafür aber exponentielles Wachstum über einen gewissen Beobachtungszeitraum aufweisen muss. Hierdurch sollte eine Auszahlung erfolgen, noch bevor sich eine globale Pandemie entwickelt und bevor ein massiver Verlust von Leben zu beklagen ist. Die

Dokumentation und Gestaltung der Auszahlungsbedingungen in diesem konkreten Beispiel ist äusserst komplex und die Erklärung in der Investorenpräsentation ist daher mehrere Seiten lang. Es zeigt sich also, dass nicht jede parametrische Katastrophenanleihe zwangsläufig einfach und transparent sein muss. Beide Anleihen der WHO sind dann übrigens im Jahr 2020 während der COVID-19 Pandemie ausgefallen (Newsdesk, 2020). Das bereitgestellte Kapital hat der WHO geholfen, Testmaterial und Schutzausrüstung zu finanzieren, wodurch viele Menschenleben in ärmeren Regionen der Welt gerettet werden konnten.

Zusammenfassend kann man sagen, dass die meisten Katastrophenanleihen mit parametrischen Triggerstrukturen vergleichsweise einfach verständlich und transparent sind, auch wenn dies nicht zwangsläufig immer der Fall sein muss. Für Investoren sind diese Transparenz und Einfachheit in der Regel vorteilhaft und werden gemeinhin gerne gesehen. Für den Zedenten ist dies aber nicht der Fall. Wenn ein Zedent Rückversicherungsschutz erwirbt, der über einen parametrischen Auszahlungsmechanismus verfügt, besteht ein Basisrisiko für das Versicherungsbuch des Zedenten. Es könnte also passieren, dass der Zedent einen Verlust erleidet, aber keine ausreichende Deckung der Schäden durch den Rückversicherungsvertrag erfolgt. Beispielsweise könnte ein Zedent durch ein Erdbeben der Stärke 6.4 einen hohen

Schaden erleiden. Wenn der Rückversicherungsschutz des parametrischen Cat Bonds aber erst ab einer Stärke von 6.5 beginnt, würde er keinerlei Kompensation erhalten. Der Zedent hat damit also das Risiko, unterversichert zu sein. Parametrische Katastrophenanleihen gehören daher nicht zu den präferierten Instrumenten der meisten Versicherer, und diese Strukturen werden daher in entwickelten Märkten eher selten verwendet. Viel häufiger findet man sie in Schwellenländern, in denen sich der Rückversicherungsmarkt noch nicht so weit wie in den westlichen Industrienationen entwickelt hat.

TRIGGER TYP: INDEX-LINKED

Katastrophenanleihen können auch die versicherten Schäden der gesamten Versicherungsindustrie als Referenz zur Bestimmung möglicher Auszahlungen verwenden. So könnte man zum Beispiel eine Struktur bauen, die eine erste Auszahlung vornimmt, sobald die versicherten Schäden aller Versicherer durch einen einzelnen Hurricane in Florida $80 Mrd. überschreiten. Bei einem versicherten Schaden der gesamten Versicherungsindustrie von zum Beispiel $100 Mrd. könnte man den Exhaustion Punkt, und damit den Totalverlust festlegen. Bei versicherten Schäden zwischen $80 und $100 Mrd. würde eine lineare Auszahlung vorgenommen werden. Ein Ereignis, das $90 Mrd. an versicherten Schäden verursacht, würde also in diesem fiktiven Beispiel zum Verlust der Hälfte des Nominalwerts dieser Anleihe führen.

ABBILDUNG 14: ILLUSTRATION DES PROFILS EINES INDEX-LINKED CAT BONDS

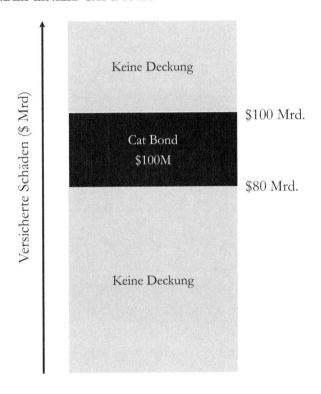

Wie auch bei parametrischen Katastrophenanleihen ist die Zuverlässigkeit der Datenquelle, die als Referenz zur Schadensbetrachtung verwendet wird, auch bei Index-Linked Cat Bonds von grosser Wichtigkeit. Für Naturkatastrophen in den USA werden meist Daten des Property Casual Service («PCS») verwendet, der de facto ein Marktmonopol in den USA hält. PCS ist eine Firma, die zum Verisk-Konzern gehört, und welche die versicherten Schäden der einzelnen Versicherungsunternehmen nach Naturkatastrophen sammelt und akkumuliert. Nicht überraschend ist daher, dass nahezu sämtliche Index-Linked Katastrophenanleihen in den USA diese Firma als Datenreferenz verwenden. Für Transaktionen in Europa werden meist die Berechnung der Firma PERILS verwendet.

Grosse Rückversicherungskonzerne haben aufgrund ihrer globalen Geschäftstätigkeit häufig ein Risikoprofil, das dem der Gesamtindustrie sehr ähnlich ist. Das Basisrisiko zwischen eigenem Exposure und zur Absicherung über einen Index-Linked Cat Bond hält sich daher meist im akzeptablen Bereich. Bei Erstversicherern, die oft nur in einem bestimmten Kundensegment und in konzentrierten geografischen Gebieten aktiv sind, ist dies hingegen nicht der Fall. Das Exposure dieser Firmen unterscheidet sich häufig signifikant vom Marktdurchschnitt und eine Absicherung über Index-Linked Strukturen beinhaltet daher ein signifikantes Basisrisiko und ist, nicht überraschend, meist nicht die präferierte Struktur für eine Rückversicherungslösung.

Eine Methode das Basisrisiko zumindest etwas zu minimieren ist es, auf Bundesstaaten oder County Ebene eine Gewichtung durchzuführen. So könnte beispielsweise eine Firma mit viel Geschäft in Florida, aber wenig Exposure in Texas, eine Auszahlungsformel im Cat Bond definieren, bei der Industrieschäden in Florida mit 1.5x gewichtet werden, solche in Texas aber mit 0.7x. Hierdurch könnte man die Berechnungsgrundlage an die firmenspezifischen Gegebenheiten anpassen und so das Basisrisiko etwas minimieren. Im aktuellen Cat Bond Marktumfeld präferieren dennoch die meisten Erstversicherer Anleihen auf «Indemnity»-Basis (siehe nächstes Kapital), während Rückversicherungskonzerne sich häufig für Index-Linked Anleihen entscheiden.

TRIGGER TYP: INDEMNITY

Bei Katastrophenanleihen mit Indemnity Trigger wird der erlittene Schaden eines einzelnen Versicherers, des Zedenten, als Grundlage zur Berechnung einer möglichen Auszahlung der Katastrophenanleihe verwendet. Aus Zedentenperspektive ist dies natürlich die ideale Lösung, da hier das Basisrisiko zum eigenen Versicherungsbuch minimal ist, und so eine exakt passende Deckung erworben werden kann. Auch aus regulatorischen Gründen (v.a. zur Hinterlegung von Eigenkapital), ist eine möglichst passgenaue Rückversicherungsdeckung die bevorzugte Lösung, da es in der Vergangenheit immer wieder Fälle gab, bei denen der Zedent zwar im eigenen Versicherungsbuch einen Schaden erlitten hat, eine etwaige Rückversicherungsdeckung auf Index-Linked Basis aber nicht (ausreichend) ausgezahlt hat, um den Schaden vollständig zu decken. So könnte zum Beispiel eine Versicherung mit hohem Waldbrandrisiko in Kalifornien im Falle einer Feuersbrunst einen hohen Schaden erleiden, aber aus Industriesicht könnte dieses Ereignis trotzdem zu gering sein, um zu einer Auszahlung der Katastrophenanleihe zu führen. Ein Index-Linked Cat Bond wäre hier also kein adäquates Instrument zum Risikotransfer.

Strukturell funktioniert eine Katastrophenanleihe mit Indemnity Trigger sehr ähnlich zu einer mit einem Mechanismus auf Index-Linked Basis. Sobald die versicherten Schäden des einzelnen Versicherers einen bestimmten Schwellenwert («Attachment Punkt») überschreiten, beginnt die Anleihe auszuzahlen und damit einen Verlust zu erleiden. Sobald der Exhaustion Punkt überschritten wird, kommt es zu einer kompletten Auszahlung des Nominalbetrags an den Zedenten und damit zu einem Totalverlust für die Investoren.

Im Beispiel unten gibt es zwei Katastrophenanleihen. Anleihe A ist hier als «40M xs 100M» strukturiert, was so viel bedeutet, wie eine Deckung von $40M, sobald der erlittene Schaden des Versicherers $100M überschreitet («excess» oder «xs»). Sobald der Schaden $140M erreicht, ist Anleihe A voll ausgezahlt und damit wertlos. Ab diesem Punkt würde Anleihe B anfangen Geld zu verlieren, da diese als «60M xs 140M» strukturiert ist. Diese Anleihe würde also die nächsten $60M decken, bevor sie dann bei einem erlittenen Schaden von mindestens $200M wertlos verfällt. Anleihe B ist damit «seniorer» und weniger riskant als Anleihe A. Selbstverständlich würde sich dieses geringere Risiko auch in einer geringeren Prämie widerspiegeln. Sobald Anleihe B ebenfalls voll aufgebraucht ist, bestünde in diesem Beispiel keine weitere Deckung und der Zedent müsste weitere Schäden über $200M dann wieder selbst tragen. Die meisten Regulatoren verlangen, dass Versicherungsgesellschaften ausreichend Rückversicherungs-Schutz kaufen, so dass ein solches Szenario nicht öfters als einmal in 200 Jahren (also mit 0.5% Wahrscheinlichkeit) eintritt.

ABBILDUNG 15: ILLUSTRATION DER STRUKTUR EINER INDEMNITY ANLEIHE

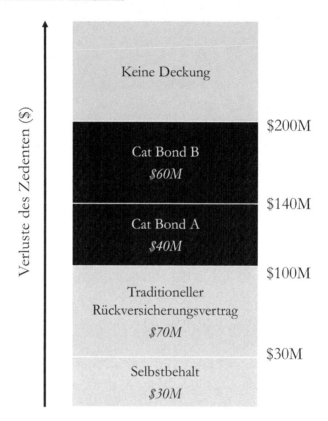

Um das Basisrisiko zwischen Versicherungsbuch und Rückversicherungsdeckung möglichst gering zu halten, bevorzugen Zedenten in der Regel Indemnity Anleihen. Umso mehr das eigene Geschäft vom Marktdurchschnitt abweicht, umso wichtiger ist es für diese Firmen, einen massgeschneiderten Rückversicherungsschutz zu erwerben, was mit parametrischen oder Index-Linked

Strukturen oft nicht in ausreichender Qualität möglich ist.

Aus Investorensicht verhält es sich genau spiegelverkehrt. In der Regel bevorzugen Investoren die transparenteren Index-Linked oder parametrischen Katastrophenanleihen. Bei Indemnity Strukturen besteht in letzter Konsequenz immer ein Abhängigkeitsverhältnis des Investors vom Zedenten und zwangsläufig auch eine starke Informationsasymmetrie. Hierdurch entstehen idiosynkratische Risiken, welche nicht immer durch einen ausreichenden Risikoaufschlag kompensiert werden. So ist der Investor bei einer Indemnity Anleihe immer von der Fähigkeit des Zedenten, insbesondere im Underwriting und in der Schadensabwicklung, abhängig. Während sich auf Ebene der gesamten Versicherungsindustrie per Definition gewisse Dinge ausgleichen, so kann es doch sein, dass es einzelne Versicherer gibt, die schlechter als der Industrieschnitt abschneiden. So können die Schäden nach einem Ereignis bei zwei Versicherungsunternehmen, die zwar im gleichen geografischen Gebiet tätig sind, aber unterschiedliche Qualitätsstandards im Underwriting haben, stark variieren. Dies ist im «Expected Loss» der Anleihe häufig auch nicht ausreichend abgebildet, da hier vor allem das geografische Exposure der treibende Faktor hinter den quantitativen Risikobewertungen ist. Qualitative Aspekte der einzelnen Firmen werden häufig gar nicht, oder zumindest nicht ausreichend, berücksichtigt.

Erfahrungsgemäss ist die Transparenz bei Index-Linked

Anleihen auch nach einem Versicherungsereignis besser. So weiss man in der Regel sehr früh, ob ein Hurricane beispielsweise eher $20 Mrd. oder doch eher $80 Mrd. an versicherten Schäden für den Gesamtmarkt verursachen wird. Auf Einzelunternehmenssicht ist diese Abschätzung deutlich schwieriger, und es dauert oft Wochen oder sogar Monate, bis hier Klarheit herrscht. Hierdurch sind Index-Linked Anleihen im Umfeld unmittelbar nach einer Katastrophe meist leichter zu bewerten und im Sekundärmarkt auch entsprechend liquider. So kam es zum Beispiel nach den Hurricanes Harvey, Irma und Maria im Jahr 2017 noch viele Monate nach den Ereignissen zu massiven zusätzlichen Erhöhungen der Schadenssummen bei Indemnity Anleihen (teilweise bis zu 300%), während die Gesamtschadensschätzungen auf Industriebasis weitgehend stabil blieben und nur moderat anstiegen (ca. 15-20% Anstieg).

DECKUNGSTYPEN:
AKKUMULIEREND («AGGREGATE»)

Unabhängig vom Trigger Mechanismus (z. B. Index-Linked oder Indemnity), wird bei Katastrophenanleihen vorab definiert, ob die von Versicherungsereignissen verursachten Schäden einzeln oder ob verschiedene Ereignisse über einen gewissen Zeitraum zusammengerechnet betrachtet werden.

Bei Anleihen, welche die von versicherten Ereignissen verursachten Schäden über einen bestimmten Zeitraum zusammenzählen, spricht man von «akkumulierenden» Katstrophenanleihen. Bei diesen Anleihen werden gewisse Zeiträume definiert, oft auch Risikobetrachtungsperiode genannt, in denen dann die Schäden von sämtlichen relevanten Ereignissen zusammengezählt werden. Meistens ist die jeweilige Betrachtungsperiode ein Jahr lang, in seltenen Fällen kann dies auch die gesamte Laufzeit der Anleihe sein. Eine Akkumulation von Schäden kann sowohl bei Indemnity wie auch bei Index-Linked Anleihen gemacht werden. Wichtig ist es, in beiden Fällen vorab exakt zu definieren, welche Versicherungsereignisse unter welchen Bedingungen gezählt werden (z. B. Art von Ereignis, notwendige Mindestschadenssumme der einzelnen Ereignisse, Definition des abgedeckten geografischen Raums, etc.).

$$\sum Verluste\ in\ Betrachtungszeitraum$$
$$= Verlust\ Event\ 1 + Verlust\ Event\ 2 + \cdots$$
$$+ Verlust\ Event\ N$$

Sobald die ermittelten Gesamtschäden in der jeweiligen Beobachtungsperiode den Attachment Punkt der Anleihe überschreiten, fängt diese an, einen Teilausfall zu erleiden. Dies kann also entweder durch ein einzelnes grosses Ereignis oder durch eine Vielzahl an mittelgrossen Katastrophen passieren, solange diese innerhalb des jeweiligen Betrachtungszeitraums stattfinden und dann in Summe den Schwellenwert überschreiten. Nach Ablauf einer Beobachtungsperiode werden Schäden, sofern sie nicht den Attachment Punkt überschritten haben, auf Null gesetzt. Die Betrachtung beginnt für die nächste Beobachtungsperiode wieder von Neuem; der Risikopuffer bevor es zu einem Verlust kommt, ist wieder vollständig aufgefüllt.

Die untenstehende Grafik illustriert eine Reihe fiktiver Ereignisse und deren Auswirkungen auf eine akkumulierende Katastrophenanleihe mit einem Attachment Punkt von $200M. Wie in der Grafik ersichtlich, gibt es innerhalb des Beobachtungszeitraum vier verschiedene relevante Ereignisse, die versicherte Schäden verursachen. Das erste Event, ein Hurricane, verursacht $100M Schäden. Damit ist der Attachment Punkt immer noch weit entfernt, aber bereits die Hälfte des «Puffers» ist damit aufgebraucht. Ereignisse Zwei und Drei, ein Hagelsturm und ein Tornado, verursachen weitere $30M und $60M Schäden. Damit steigt die Gesamtschadenssumme bereits auf $190M, womit der Attachment Punkt von $200M bereits in greifbare Nähe rückt. Das vierte Ereignis, eine Flut mit einem Schaden von $20M, ist dann folglich ausreichend, um den Gesamtschaden im Beobachtungszeitraum auf über $200M steigen zu lassen. Der Cat Bond erleidet damit einen Ausfall und es kommt für den Investoren zu einem Verlust.

ABBILDUNG 16: AKKUMULIERENDE KATASTROPHENANLEIHE

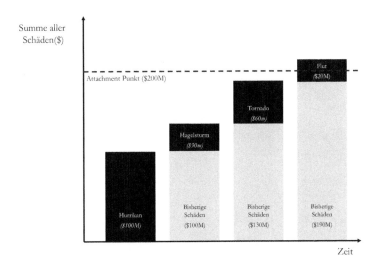

$$\sum Gesamtschaden = \$100M + \$30M + \$60M + \$20M$$

$$= \$210M$$

Wie bereits erwähnt, verfallen am Ende des Beobachtungszeitraums die Gesamtverluste, die noch nicht zu einem Ausfall des Bonds geführt haben. Damit beginnt das Zählen zu Beginn der neuen Beobachtungsperiode dann wieder von vorne bei «Null». Für Investoren bedeuten akkumulierende Katastrophenanleihen damit einen erhöhten Aufwand, da auch mittelgrosse Schadensereignisse, sofern in grosser Anzahl innerhalb einer Beobachtungsperiode auftretend, zu einem Ausfall der Anleihe führen können. Es ist daher unerlässlich, dass Investoren stets im Blick haben, wieviel Prozent vom Attachment Punkt innerhalb einer Beobachtungsperiode bereits durch Ereignisse «verbraucht» wurde. So ist zum Beispiel eine Anleihe, bei der bereits 90% des Attachment Punktes erreicht wurden, in der Regel stärker ausfallgefährdet als eine Anleihe, bei der lediglich 30% des Puffers aufgebraucht wurden. Insbesondere in Jahren wie 2017 ist dies sehr wichtig und erfordert eine entsprechende Infrastruktur zum Nachverfolgen dieser Schäden. Im Jahr 2017 beispielsweise gab es mehrere Hurricanes (Harvey, Irma, Maria), eine hohe Anzahl an Tornado- und Hagelschäden, sowie die teuersten Waldbrände der Geschichte in Kalifornien. Jedes einzelne dieser Ereignisse konnte damit zur Erosion des Attachment Punktes beitragen. In Summe waren dann diese vielen mittelgrossen Ereignisse innerhalb einer einzelnen Beobachtungsperiode ausreichend, sodass einige akkumulierenden Anleihen tatsächlich ausgefallen sind und dem Investor ein Schaden entstanden ist.

DECKUNGSTYPEN:
EINZELEREIGNIS («OCCURRENCE»)

Katastrophenanleihen können auch mit einer Deckung ausgestaltet sein, bei welcher der versicherte Schaden von einem einzelnen Ereignis allein den Attachment Punkt überschreiten muss, damit es zu einem Ausfall kommt. Diesen Deckungstypen nennt man im Englischen

«Occurrence» und er kann auf verschiedene Trigger-Mechanismen, zum Beispiel Indemnity oder Index-Linked, angewandt werden. Es findet hier also keine Aufsummierung von Schäden über einen gewissen Zeitraum statt.

Für das Beispiel unten verwenden wir die gleichen Ereignisse wie bereits vorher bei dem akkumulierenden Cat Bond. Der Attachment Punkt wird wieder bei $200M festgelegt, allerdings werden jetzt die Ereignisse nicht mehr zusammengezählt, sondern ein Ereignis müsste individuell den Schwellenwert von $200M erreichen. Da dies bei keinem der vier Katastrophenereignisse der Fall ist, kommt es, im Gegensatz zur akkumulierenden Anleihe, in Falle der nun betrachteten Anleihe auf Einzelereignisbasis auch zu keinem Ausfall.

FIGURE 17: KATASTROPHENANLEINE MIT DECKUNGSTYP «EINZELEREIGNIS»

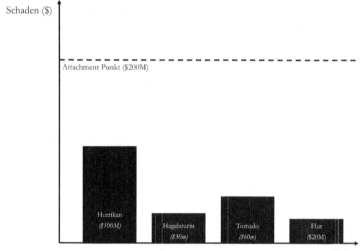

Die Risikomodellierung und damit auch die Preisgestaltung der Katastrophenanleihe reflektiert selbstverständlich die Tatsache, dass es für eine solche Anleihe mit Einzelereignisbetrachtung wesentlich unwahrscheinlicher ist, einen gewissen Schwellenwert an Schäden zu erreichen, als für eine akkumulierende Anleihe. Die hier gezeigte Beispielanleihe würde also in der Realität natürlich auch eine deutlich geringere Risikoprämie zahlen als eine akkumulierende Anleihe mit gleichem Attachment Punkt.

Ein bestimmter Deckungstyp ist damit auch nicht zwangsläufig besser oder schlechter als der andere. Beide

Deckungstypen kommen im Cat-Bond-Markt sehr häufig vor. Die unterschiedlichen Risikoprofile sind in der Risikomodellierung meist akkurat abgebildet und damit auch im Pricing über unterschiedliche Risikoprämien korrekt reflektiert. Während der Laufzeit kann das Verhalten beider Deckungstypen aber sehr unterschiedlich sein. In einer Hurricanesaison mit vielen mittleren Ereignissen wäre in der Regel eine akkumulierende Anleihe stärker gefährdet als eine Anleihe auf Einzelereignis-Deckung, da diese eher sensitiv gegenüber einzelnen grossen Ereignissen ist. In einer Saison mit nur sehr wenigen, dafür aber sehr grossen Katastrophen wäre dann vermutlich eine akkumulierende Anleihe entsprechend weniger betroffen, da diese in der Regel über einen höheren Attachment Punkt verfügt, da dieser ja die kumulierten Schäden einer gesamten Hurricanesaison aushalten muss.

Eine mögliche Komplexität bei Anleihen mit Einzelereignisbetrachtung ist die Zuordnung von verschiedenen Ereignissen, die in kurzer zeitlicher Folge am gleichen geografischen Ort passieren. Bei einem einzelnen Sturm ohne Ereignisse kurz vorher oder nachher ist es relativ einfach, die entstandenen Schäden an Gebäuden diesem einzelnen Ereignis zuzuordnen, da ja keine andere Ursache in Frage kommt. Sollten jedoch mehrere Stürme am gleichen Ort innerhalb von kurzer Zeit stattfinden, ist es nicht mehr so einfach möglich zu bestimmen, welcher Gebäudeschaden von Sturm 1 oder welcher von Sturm 2 verursacht wurde. Der Sponsor einer Katastrophenanleihe mit Einzelereignisbetrachtung hätte in dieser Konstellation ein finanzielles Interesse daran, möglichst viele Schäden einem einzelnen Ereignis zuzuordnen, wodurch die Auszahlungswahrscheinlichkeit der Anleihe steigen würde. In der Dokumentation der entsprechenden Rückversicherungsverträge innerhalb der Cat Bond Struktur gibt es aus diesem Grund eine sogenannte «Hours Clause», die besagt, in welchem Entstehungszeitraum Schäden einem einzelnen Ereignis zugeordnet werden können. In der Theorie mag diese Problematik zwar hierdurch entschärft sein, in der praktischen Anwendung ist dies aber zeitweise sehr schwierig. Beispielsweise wurde im Jahr 2017 die Insel Puerto Rico innerhalb von kurzer Zeit von zwei katastrophalen tropischen Stürmen (Hurricanes Irma und Mara) getroffen, die zu schweren Schäden an Infrastruktur und Gebäuden geführt haben. Bei vielen beschädigten Gebäuden war es daher im Nachhinein nicht mehr möglich zu sagen, welcher der beiden Stürme denn nun für den Schaden verantwortlich ist.

RENDITE UND RISIKOMODELLIERUNG

Für eine gute Entscheidungsgrundlage bezüglich einer möglichen Investition in eine Katastrophenanleihe, ist - wie auch bei Investitionen in andere Rückversicherungsrisiken - ein solides Verständnis der Renditen, und vor allem auch der möglichen Verlustrisiken unerlässlich (Canabarro, Finkemeier, Anderson, & Bendimerad, 2000). Dieses Verständnis über das Risiko einer Transaktion kann und sollte auch qualitative Komponenten beinhalten. Insbesondere die Quantifizierung möglicher Schäden ist jedoch im Markt für Katastrophenanleihen essenziell, um sich eine qualifizierte Meinung bilden zu können, ob eine Investition attraktiv ist. Die am häufigsten verwendete Risikokennzahl ist hierbei der «Erwartete Verlust», im Englischen als «Expected Loss» bezeichnet. Diese Kennzahl gibt das langfristig erwartete jährliche Verlustrisiko der einzelnen Anleihe, bzw. des gesamten Anleiheportfolios, an. Die Zahl basiert hierbei nicht auf tatsächlich realisierten historischen Ausfällen, sondern auf einer fortschrittlichen Modellierung der versicherten Risiken auf Basis aktueller wissenschaftlicher Erkenntnisse, insbesondere in den Bereichen Klimatologie, Geophysik und der Ingenieurswissenschaften. Zum Zeitpunkt der Erstellung dieses Textes bewegt sich der durchschnittliche erwartete Verlust des gesamten Cat-Bond-Marktes bei ungefähr 2.2%, während die Couponeinnahmen ca. 6.5% betragen

(Artemis, 2020). Bei korrekter Modellierung würde ein Investor also langfristig eine risiko-adjustierte Rendite von 4.3% per annum erzielen.

Seit Jahrzehnten, stellenweise vielleicht sogar schon seit Jahrhunderten, arbeitet die Wissenschaft daran, das Verlustrisiko von Rückversicherungsverträgen durch Modelle möglichst präzise zu quantifizieren. Die Qualität und die Komplexität dieser Modelle rangiert hierbei von einfachen Excel Spreadsheets (bei Cat Bonds aber meist nicht der Fall), bis hin zu hochkomplexen Simulationen, die ganze Cluster von Supercomputern zur Berechnung benötigen. Gerade klimatologische oder geophysische Modelle besitzen mittlerweile eine Datentiefe und eine Detailschärfe, die nur noch von massiver Rechenleistung ganzer Datenzentren, sowie von grossen Teams wissenschaftlicher Mitarbeitender bewerkstelligt werden können.

Die meisten heute verwendeten Modelle zur Risikobewertung bei Katastrophenanleihen bestehen im Kern aus zwei wesentlichen Komponenten:

1. Simulation der Frequenz («wie oft») und Stärke («wie stark/wie gross») der jeweils rückversicherten Ereignisse.

2. Schätzung der versicherten Gebäudeschäden, die jedes der vorab simulierten Ereignisse verursachen würde («Damage Function»).

Die Simulation der Frequenz verwendet wissenschaftliche Erkenntnisse, um eine Abschätzung zu ermöglichen, wie hoch die Eintrittswahrscheinlichkeit bestimmter Katastrophen ist. So würde hier zum Beispiel simuliert werden, wie oft ein Erdbeben der Stärke 7.0 in einer bestimmten Region auftritt oder wie oft Hurricanes der Stufe 3 oder höher die Ostküste der USA treffen. Als Grundlage für diese Simulationen werden historische Daten und aktuelle wissenschaftliche Erkenntnisse verwendet. So kann man auch glaubwürdige Aussagen für die zukünftige Entwicklung treffen, zum Beispiel bei sich verändernden Meerwassertemperaturen als Folge des Klimawandels.

Die einfachste Methode die Frequenz und Stärke von Naturkatastrophen abzuschätzen wäre eine Analyse rein basierend auf historisch tatsächlich eingetretenen Szenarien. Dieser Ansatz ist zwar sehr intuitiv, aber für das Investment in Katastrophenanleihen nicht ausreichend. Ein Grund hierfür ist vor allem, dass gerade bei Extremereignissen die historische Datenlage sehr schlecht ist, da diese Katastrophen per Definition eben nur extrem selten auftreten. Extremereignisse, die nur einmal alle 100 bis 200 Jahre auftreten, sind daher im Schnitt in maximal ein bis zwei historischen Datenpunkten ablesbar, was zur Schätzung einer robusten Wahrscheinlichkeitsverteilung unzureichend ist. Lediglich bei Erdbeben kann man über geologische Forschungen sinnvolle Aussagen über einen historischen Zeitraum von mehr als 100 Jahren treffen, da grosse Erdbeben der Vergangenheit auch heute noch in Strukturveränderungen des Erdbodens nachvollziehbar sind. Die meisten anderen Naturkatastrophen, vor allem tropische Wirbelstürme, hinterlassen aber keine bleibenden Spuren, die im Nachhinein noch ausreichend auswertbar wären. Hier ist man auf menschliche Aufzeichnungen angewiesen, die aber oft fehleranfällig sind und in ausreichender Qualität meist nicht weiter als 100 Jahre zurückreichen. Abgesehen davon machen klimatische Veränderung die Interpretation historischer Daten schwierig, da sich die Rahmenbedingungen und damit die Eintrittswahrscheinlichkeiten im Laufe der Zeit teils signifikant verändern können. Darüber hinaus ist natürlich ebenfalls zu berücksichtigen, dass sich auch die versicherten Werte, also Gebäude, ganze Städte und verwendete Baumaterialien, in stetigem Wandel befinden und dass entsprechende historische Referenzereignisse heute teils zu völlig anderen Schadensmustern führen würden.

Um diese Problematiken zu vermeiden, arbeitet die Rückversicherungsindustrie nicht ausschliesslich mit Daten der Vergangenheit, sondern verwendet diese lediglich als Ausgangspunkt für eine zukunfts-gerichtete Simulation, die einen sogenannten stochastischen Ereigniskatalog anwendet. Dieser Ereigniskatalog simuliert, basierend auf aktuellen wissenschaftlichen Erkenntnissen und physikalischen Rahmenbedingungen, wie der aktuellen Meerwassertemperatur, typischerweise zwischen 10,000 und 100,000 mögliche Versionen des nächsten Jahres, um so eine Wahrscheinlichkeitsverteilung zu generieren. Historische Daten werden bei dieser Herangehensweise lediglich zur Kalibrierung des Modells verwendet. Durch die Verwendung eines Ereigniskataloges mit zigtausenden simulierten Ereignissen ist es möglich, eine präzise Abschätzung der Eintrittswahrscheinlichkeit und der Stärke möglicher Naturkatastrophen treffen zu können.

ABBILDUNG 18: HISTORISCHE HURRICANE-PFADE (NATIONAL OCEANIC AND ATMOSPHERIC ADMINISTRATION, 2019)

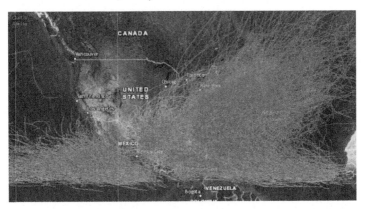

Sobald dieser simulierte Ereigniskatalog (oder auch ein Katalog historischer Events) fertiggestellt wurde, kann für jedes einzelne simulierte Ereignis der versicherte Schaden für einzelne Versicherungsunternehmen, wie auch für die gesamte Versicherungsindustrie geschätzt werden. So werden zum Beispiel für jeden simulierten Hurricane die Windfelder (Geschwindigkeit, Richtung, etc.), Niederschlag und Flut auf das versicherte Portfolio an Gebäuden angewandt. Hierdurch lässt sich, dank der aktuellen Erkenntnisse der Ingenieurswissenschaften, auf Ebene des versicherten Portfolios schätzen, mit welcher Wahrscheinlichkeit welche versicherten Schäden zu erwarten sind. Wenn man dies für jeden Versicherer macht, erhält man ebenfalls eine robuste Schätzung der versicherten Schäden auf Industrieebene. Dieser Prozess wird dann für jede mögliche Art von Naturkatastrophe (z. B. auch für Erdbeben, Waldbrände, etc.) in den tausenden möglichen Varianten für jedes der simulierten Ereignisse wiederholt. Dieser Prozess ist zeit- und rechenintensiv und wird daher auf speziellen Servern durchgeführt, wo die Berechnung oft mehrere Tage dauert.

ABBILDUNG 19: PFAD VON HURRICANE IRMA IM JAHR 2017 (NATIONAL OCEANIC AND ATMOSPHERIC ADMINISTRATION, 2019)

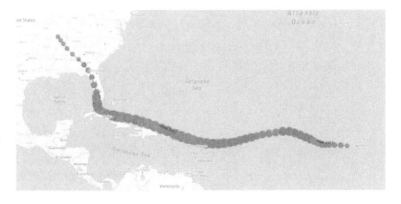

Die Kombination des stochastischen Ereigniskatalog mit den neuesten Erkenntnissen der Ingenieurswissenschaften erlaubt es, eine Datengrundlage zu schaffen, die ausreichend gross ist, um Aussagen über die Wahrscheinlichkeitsverteilung bestimmter Schadenssummen zu treffen. Dies ist sowohl auf Zedentensicht wie auch für die gesamte Versicherungsindustrie möglich.

Im letzten Schritt werden dann die berechneten versicherten Schäden mit der finanziellen Struktur der einzelnen Katastrophenanleihen verglichen. Sollten die versicherten Schäden eines simulierten Ereignisses den Attachment Punkt überschreiten, käme es zu einem simulierten (Teil-)Verlust für den Investor. Wenn man dies über alle, zum Beispiel 10,000, Simulationen durchführt, kann man über eine Durchschnittsbildung den «erwarteten

Verlust» der jeweiligen Katastrophenanleihe bestimmen. Hierzu muss lediglich die Summe sämtlicher simulierter Verluste der Anleihe durch die Gesamtzahl der simulierten Ereignisse dividiert werden.

Sollte zum Beispiel eine Anleihe in 300 von 10'000 Simulationen einen Komplettausfall erleiden, entspräche dies einem erwarteten Verlust von 3.0%. Der Vollständigkeit halber sei hier zu erwähnen, dass das kurzfristige Verhalten einer Katastrophenanleihe in der Regel durch einen solchen Durchschnittswert unrealistisch dargestellt ist. In den meisten Jahren wird eine Katastrophenanleihe überhaupt keinen Schaden erleiden, da kein Ereignis stattgefunden hat, im schlimmsten Fall würde aber der erlittene Schaden den langjährigen Durchschnitt dann weit überschreiten und bis zum Totalverlust reichen. Die tatsächlichen Schadensmuster folgen hier also keiner Normalverteilung um den berechneten langfristig erwarteten Verlust. Zusätzlich zum erwarteten Verlust gibt es noch weitere Kenngrössen, die von Investoren häufig verwendet werden, um das Risikoprofil einer Katastrophenanleihe darzustellen. Die drei wesentlichen Kennzahlen sind meist folgende:

- Attachment- oder Ausfallwahrscheinlichkeit: Die Wahrscheinlichkeit (pro Jahr), dass die Katastrophenanleihe einen Schaden erleidet, der grösser als Null ist. Dies ist also die Wahrscheinlichkeit, dass der Attachment Punkt erreicht wird.

- Erwarteter Verlust: Der durchschnittliche erwartete Schaden pro Kalenderjahr.

- Exhaustion- oder Komplettausfall- wahrscheinlichkeit: Die prozentuale Wahrscheinlichkeit eines Totalausfalls über den Zeitraum eines Kalenderjahres. Dies ist damit die Wahrscheinlichkeit, dass Schäden den Exhaustion Punkt erreichen oder überschreiten.

Die allermeisten Katastrophenanleihen werden zum Emissionszeitpunkt von unabhängigen Drittparteien modelliert, um die oben genannten (und weitere) Risikokennzahlen zu berechnen. Investoren verwenden ebenfalls die Modellierungssoftware dieser Firmen, um die Resultate nachvollziehen und um Portfoliosimulationen und Szenarioanalysen durchführen zu können. Es macht für Investoren hingegen wenig Sinn, selbst Erdbeben- oder Hurricanemodelle zu entwickeln, da dies massive Investitionen in Personal und Infrastruktur nötig machen würde, die in keinem Verhältnis zum Ertrag stehen würden. Investoren fokussieren sich daher auf Plausibilitätsprüfungen der bestehenden Modelle und nehmen bei Bedarf Adjustierungen der von diesen Simulationen gelieferten Risikokennzahlen vor. Die wichtigsten Anbieter im Cat Bond Bereich sind hierbei AIR Worldwide und RMS, die zusammen den Markt dominieren. Fast jeder professionelle Investor im Markt für Katastrophenanleihen hat daher mindestens eines dieser beiden Modelle, wenn nicht sogar beide in Verwendung.

PRIMÄR- UND SEKUNDÄRMARKT

Da Katastrophenanleihen Instrumente mit einer kurzen Laufzeit von maximal drei bis vier Jahren sind, gibt es nahezu jedes Jahr starke Aktivität am Primärmarkt, um ausgelaufene Transaktionen zu ersetzen. Diese Neuemissionstätigkeit findet nicht gleichmässig im Jahr verteilt statt, sondern orientiert sich am Erneuerungszyklus klassischer Rückversicherungsverträge, also meist direkt nach oder direkt vor der atlantischen Hurricanesaison. Für das nordamerikanische Geschäft bedeutet das eine Erneuerung zum Jahresende, bzw. kurz vor Sommerbeginn, während japanisches Geschäft meist zu Beginn des zweiten Quartals erneuert wird. In diesen entsprechenden Zeitfenstern wird auch ein Grossteil der Katastrophenanleihen emittiert, die diese Risiken absichern.

ABBILDUNG 20: PRIMÄRMARKTEMISSIONSTÄTIGKEIT PRO MONAT 1998-2019 (ARTEMIS, 2019)

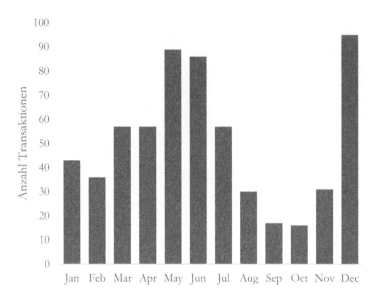

Seit 2017 betrug das durchschnittliche Emissionsvolumen pro Katastrophenanleihe $170M. Viele Anleihen waren auch deutlich kleiner (nach Anzahl Transaktionen sogar die meisten!), einige Emissionen erreichten jedoch auch Nominalvolumina jenseits der $500M, was im klassischen Anleihenmarkt oft die Schwelle zur Aufnahme in einen Benchmark-Index ist.

ABBILDUNG 21: ANZAHL EMISSIONEN NACH NOMINALVOLUMEN IN USD 2017-2019 (ARTEMIS, 2020)

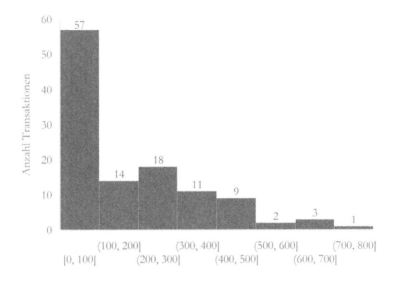

Da die meisten Zedenten keine ausreichenden Beziehungen zu Kapitalmarktinvestoren besitzen, greifen diese auf Brokerfirmen zurück, die den Emissionsprozess für sie abwickeln und die im Rahmen eines Bookbuilding Prozesses versuchen, mögliche Investoren für das Instrument zu gewinnen. Die aktivsten Broker für Primärmarktemissionen, gemessen am platzierten Nominalvolumen, waren im Jahr 2019 AON Securities, GC Securities, Swiss Re Capital Markets und Goldman Sachs (Artemis, 2019).

Die Aktivität im Sekundärmarkt folgt ähnlichen saisonalen Mustern wie auch die Neuemissions-Tätigkeit. Die

Liquidität im Handel bereits emittierter Katastrophenanleihen ist meist besser ausserhalb der Windsaison, da dort viele bestehende Anleihen fällig und neue Anleihen emittiert werden. In den Sommermonaten während der Windsaison gibt es wenige Neuemissionen und damit auch wenig Möglichkeiten für signifikante Umbauten in den Investorenportfolios. Die Urlaubssaison tut ihr übriges, und daher ist die Handelsaktivität im August und September meist entsprechend gering.

Im Gegensatz zu klassischen Kreditmärkten findet der Sekundärmarkthandel im Cat Bond Market nahezu ohne Market Maker mit Inventar statt. Die Broker im Cat Bond Market nehmen keine Positionen auf ihre eigene Bilanz, sondern führen lediglich Käufer und Verkäufer zusammen. Ein Handel findet nur dann statt, wenn beide Seiten mit den Konditionen (also dem Transaktionsvolumen und dem Preis) einverstanden sind, und damit kein Risiko beim Broker verbleibt. Diese im Verhältnis zum Kreditmarkt andere Marktstruktur hat signifikanten Einfluss auf die Liquidität, da Transaktionen nur stattfinden können, wenn Käufer und Verkäufer gleichzeitig vorhanden und sich einig sind. Auch ist es nicht möglich, Katastrophenanleihen schnell an einen Market Maker zu verkaufen, falls es keine interessierten Investoren für eine Position gibt. Im High Yield Markt würden sich in der Regel Market Maker finden, die solche Positionen zu einem Preisabschlag in ihr Inventar nehmen. Dies findet im Cat Bond Market in der Regel so nicht statt und das Liquiditätsmanagement sollte daher konservativer gestaltet werden. Zusätzlich zu den Brokern, die bereits im Primärmarkt aktiv sind, gibt es auch einige weitere Firmen, die sich (teils ausschliesslich) auf den Sekundärmarkthandel von Katastrophenanleihen fokussiert haben. Hier handelt es sich beispielsweise um RBC oder um ICAP Tullet Prebon. Technisch gesehen findet der Handel als Over-The-Counter Geschäft («OTC») via Telefon oder Bloomberg Chat statt, wie auch im klassischen Anleihemarkt. Auch das Trade Ticketing, Post-Trade Matching, Clearing und Settlement läuft über die gleichen Systeme wie im Kredit- oder Staatsanleihenmarkt. Manuelle Interventionen sind hier meist nicht mehr erforderlich, da die Abwicklung weitgehend automatisiert erfolgt. Die Abwicklung von Cat Bond Transaktionen ist hierdurch entsprechend günstig und operativ einfach abbildbar.

BEWERTUNG

Die Bewertung von Katastrophenanleihen innerhalb eines Portfolios oder Fonds findet, wie auch bei klassischen Anleihen, in der Regel zu Marktpreisen statt. Nahezu sämtliche Anbieter von Anlageprodukten, die in diesem Markt investieren, nutzen hierbei ähnliche grundlegende Bewertungsprinzipen. Teilweise gibt es jedoch auch innerhalb dieser «Mark-to-Market» Bewertung deutliche Unterschiede in der exakten Handhabung, die dann wiederrum zu ebenso deutlichen Bewertungsunterschieden führen können.

Die meisten Cat Bond Broker stellen wöchentliche oder zumindest monatliche Bewertungsindikationen zur Verfügung. Diese Indikationen geben an, zu welchem Preis die Broker glauben, dass eine Transaktion stattfinden könnte. Ebenso enthalten diese Indikationen Angaben zu Bid und Ask Seite und damit auch zum Bid-Ask-Spread, also den Transaktionskosten. Die von den Brokern gestellten Preise sind aber nur Indikationen und nicht zwangsläufig auch handelbar. Die Broker stützen sich bei ihren Einschätzungen meist auf tatsächlich stattgefundene Transaktionen, die elektronisch mittels des TRACE Systems berichtet werden. Die Brokerpreise stützen sich darüber hinaus auch auf der Markteinschätzung des Brokers, da viele Anleihen gar nicht jede Woche tatsächlich gehandelt werden. Dies ist insbesondere wichtig, falls eine

Naturkatastrophe eintreten sollte. Im Falle einer Naturkatastrophe kann der Broker so bereits die Bewertungspreise senken, ohne dass eine tatsächliche Transaktion stattgefunden haben muss, um so die neue Lage korrekt in der Preisfindung zu reflektieren.

Die Fondsmanager von Anlageprodukten, die in Katastrophenanleihen investieren, beziehungsweise die jeweiligen Depotbanken, verwenden dann diese Brokerpreise um den Nettoinventarwert der Fonds, bzw. der Fondsanteile zu berechnen. Je nach Anbieter kann es hier aber zu teils deutlichen Unterschieden kommen, da es verschiedene Bewertungspraktiken gibt. Einige Anbieter verwenden den durchschnittlichen «Mid» Price, andere verwenden eventuell «Bid» Preise, die im Falle eines Events meist deutlich stärker korrigieren als die Mid Preise, da sich zusätzlich zur reinen Preiskorrektur auch meist die Differenz zwischen Bid und Offer Preisen erhöht. In normalen Marktphasen sind die Bewertungsunterschiede zwischen den verschiedenen Methoden meist sehr gering, aber im Katastrophenfall können sich diese temporär durchaus im Bereich von mehreren Prozentpunkten bewegen.

Eine grosse Herausforderung ist die korrekte Bewertung von Katastrophenanleihen nach einem Ereignis, das zu signifikanten Schäden geführt haben könnte, bzw. wo diese erwartet werden. Insbesondere bei Indemnity Transaktionen, wo die versicherten Schäden einer einzelnen Firma für die Berechnung des Triggers relevant sind, kann es Monate bis Jahre dauern, bis sämtliche Schäden mit den einzelnen Versicherungsnehmern abgerechnet wurden. Während dieser Zeit verbleibt ein Risiko für den Investor, dass sich die versicherten Schäden verändern und damit das Verlustrisiko auch lange nach dem Ereignis noch steigt oder sinkt. Der Bewertungspreis des jeweiligen Indemnity Bonds reflektiert zwar ein gewisses Szenario, dieses kann sich im Nachhinein aber als falsch und der Bewertungskurs damit rückblickend als zu optimistisch oder zu pessimistisch herausstellen. Nach Hurricane Irma im Jahr 2017 stellte sich im Jahr 2018 und sogar teilweise noch 2019 bei einigen Zedenten heraus, dass die tatsächlichen versicherten Schäden die initialen Erwartungen bei weitem übertreffen werden, was in den Bewertungspreisen so nicht reflektiert war. Dies führte dann dazu, dass die betroffenen Anleihen mehrere Jahre nach dem eigentlichen Ereignis noch einen Wertverlust verzeichnen mussten. Zuerst war dies ein Bewertungsverlust, später dann ein tatsächlicher Ausfall. Dieses Beispiel mag zwar ein Extremfall sein, da grosse Naturkatastrophen glücklicherweise nur selten auftreten, es zeigt aber eindrucksvoll die Restunsicherheit beim Erstellen von Schadensschätzungen und dem damit verbundenen Marktpreis von Katastrophenanleihen. Investoren sollten sich daher bewusst sein, dass Katastrophenanleihen auch sehr lange nach einem Ereignis noch von ungünstigen Entwicklungen betroffen sein können. Selbst wenn ein Ereignis stattgefunden hat, bevor ein Investor überhaupt in einen Fonds investiert hat, gibt es ein nicht abschliessbares Restrisiko für solche verspäteten Verluste. Insgesamt haben sich die Bewertungsmethoden jedoch in den vergangenen Jahren als angemessen erwiesen und haben weitgehend gut funktioniert. Es liegt jedoch in der Natur der Anlageklasse, dass es ein Restrisiko für Fehleinschätzungen gibt, wie dies aber auch bei anderen Fixed Income Instrumenten der Fall ist. Dies ist insbesondere nach grossen Naturkatastrophen relevant und sollte dem Investor stets bewusst sein, da sich hieraus Risiken, aber auch Chancen ergeben können.

KAPITEL 4

KATASTROPHENANLEIHEN ALS BEIMISCHUNG IN MULTI-ASSET PORTFOLIEN

PORTFOLIO MANAGEMENT VON KATASTROPHENANLEIHEN

Katastrophenanleihen, wie die meisten anderen Fixed Income Instrumente, zahlen dem Investor einen Coupon zur Kompensation des Ausfallrisikos. Der grosse Unterschied zu Unternehmensanleihen besteht im Falle von Cat Bonds darin, dass nicht das Insolvenzrisiko der entscheidende Faktor ist, sondern das mögliche Auftreten von Katastrophen und den damit verbundenen versicherten Schäden. Klassische ökonomische Risikofaktoren, wie Rezessionen, schlechte Unternehmensführung oder Bankenkrisen spielen hingegen bei der Ausfallwahrscheinlichkeit von Cat Bonds keine Rolle. Trotz dieser Unterschiede in der Risikoherkunft bleiben die wesentlichen Charakteristika eines Fixed Income Investments aber erhalten: Eine auf den Coupon limitierte maximale Profitabilität verbunden mit einer bestimmten Wahrscheinlichkeit, das eingesetzte Kapital teilweise oder komplett zu verlieren. Aus diesem Grund ist das Management der versicherten Risiken das zentrale

Kernelement für erfolgreiches Investieren in dieser Anlageklasse. Insbesondere dem Konzept der Diversifikation (Markowitz, 1952) kommt hier besondere Bedeutung zu, wenngleich auch mit anderen zugrundeliegenden Risiken als sich Markowitz dies vor einigen Jahrzehnten vorgestellt hätte. Die Grundprinzipien für das Risikomanagement sind jedoch weitgehend identisch zu anderen Anlageklassen.

In klassischen Aktien oder Anleiheportfolien kann durch das Hinzufügen weiterer Unternehmen oder Industrien relativ einfach eine ausreichende Diversifikation erreicht werden. In Rückversicherungsportfolien, so auch bei Katastrophenanleihen, wird eine Diversifikation jedoch nicht über das Hinzufügen von Instrumenten anderer Unternehmen erreicht, sondern über eine Streuung über verschiedenen Gefahren (z. B. Wind vs. Erdbeben) und Geographien (z. B. Florida vs. Kalifornien). Eine solche Diversifikation sollte sich dann langfristig positiv auf das Risiko-Ertrags-Profil des Portfolios auswirken (Outreville, 2012). Bevor jedoch die eigentliche Selektion der Instrumente beginnt, ist es wichtig, zu Beginn sauber zu definieren, wie man Diversifikation im Kontext von Katastrophenanleihen überhaupt messen kann. Hierzu gibt es zwei gängige Methoden, die beide häufig (auch in Kombination) von Investoren und Fondsmanagern eingesetzt werden:

Die einfachste Methode ist die Limitierung der maximalen

Exposition gegenüber einem bestimmten Risiko (z. B. Erdbeben) pro geografische Region (z. B. Kalifornien). So könnte man zum Beispiel auf Portfolio Ebene eine maximale Exposition von 30% des Nettoanlagevermögens («NAV») pro Gefahrenregion, also der Kombination von Gefahr und geografischer Region, einführen. Diese Methode ist simpel und erlaubt es, das maximale Verlustrisiko durch ein einzelnes Ereignis einzuschränken. Gleichzeitig ist es jedoch keine sehr präzise Methode, da nicht mehr berücksichtigt wird, wie riskant die einzelnen Katastrophenanleihen sind, die eine bestimmte Gefahr abdecken. So würden zwei Anleihen, eine mit einem niedrigen Expected Loss von 1.0% und eine andere hochriskante Anleihe mit einem Expected Loss von 9.5%, die beide kalifornisches Erdbebenrisiko abdecken, jeweils den gleichen Beitrag zur Ausschöpfung der Risikolimiten leisten, da jeweils der gesamte Nominalbetrag angerechnet wird. Ein Risikomanagement mittels dieser Methode ist daher nicht ausreichend, um sinnvolle Anlageentscheide in einem Portfolio von Katastrophenanleihen zu treffen, da hiermit implizit immer nur der absolute Worst Case abgebildet wird, aber alle anderen Szenarien in der Risikobetrachtung keine Rolle spielen.

Die zweite Methode Portfoliodiversifikation zu messen ist die Verwendung probabilistischer Metriken, wie zum Beispiel des «maximalen erwarteten Verlusts», der das Verlustpotential angibt, der innerhalb einer gewissen Zeitperiode, zum Beispiel in 100 Jahren, nicht überschritten werden sollte. Oft wird dieser Ansatz auch als «Value at Risk» oder kurz «VaR» bezeichnet. Es ist jedoch wichtig hervorzuheben, dass sich die Berechnungsgrundlage für VaR Kennzahlen im Bereich von Insurance Linked Securities fundamental von der Berechnung in anderen Anlageklassen unterscheidet (siehe Kapital zur Risikomodellierung). Eine Betrachtung des Portfoliorisikos auf Basis von solchen Wahrscheinlichkeiten erlaubt es dem Portfolio Manager dann, die Auswirkungen von Anlageentscheidungen auf bestimmte Punkte der Wahrscheinlichkeitsverteilung zu simulieren, und so das Risikoprofil optimal auf die Ziele und Bedürfnisse der Investoren abzustimmen. So könnte zum Beispiel eine Anlagestrategie eine Limitation des 100-jährigen Risikos, also des 99% Intervall, auf einen Verlust von maximal 35% limitieren. In einem anderen Fonds könnte die relevante Betrachtungsgrösse aber bei 99.9% liegen, also der Wahrscheinlichkeit pro 1000 Jahre. Im Gegensatz zur Exposure-basierten Betrachtung sind die Risiken und Korrelationen der einzelnen Wertpapiere untereinander in der Risikobetrachtung mittels Wahrscheinlichkeiten korrekt berücksichtigt. Der grosse Nachteil dieser Methode ist jedoch, dass es keine absolute Limitierung des Einzelereignisrisikos gibt. Selbst wenn man mit 99.9% Wahrscheinlichkeit erwartet, dass eine gewisse Verlustschwelle nicht überschritten wird, so gibt es dennoch eine Restwahrscheinlichkeit (in diesem Fall von 0.1%), dass dies irgendwann doch einmal passieren wird.

Insgesamt ist diese Methode jedoch durch ihre Präzision und Flexibilität der am weitesten verbreitete Ansatz, um Rückversicherungsrisiken und Diversifikation zu messen. Auch die regulatorischen Vorschriften, zum Beispiel Solvency II, verwenden ähnliche Berechnungsmethoden.

Beim Betrachten von Risikoframeworks auf Basis von Wahrscheinlichkeitsverteilungen ist es sehr wichtig, genau zu verstehen, was die Datengrundlage ist und welcher Zeitraum abgebildet wird. So könnte eine Risikokennzahl basierend auf dem 99% Perzentil sowohl die Wahrscheinlichkeit eines Verlustes über einen gewissen Zeitraum, typischerweise ein Jahr, angeben («Aggregate Exceedance Probability» oder «AEP»), oder sich lediglich auf einzelne individuelle Ereignisse beziehen («Occurence Exceedance Probability» oder «OEP»). Ebenso gibt es Fondsanbieter im ILS Bereich, die in ihren Wahrscheinlichkeitsverteilungen Couponzahlungen berücksichtigen (mit teils recht unterschiedlichen Annahmen über die Fortsetzung im Ereignisfall), während andere Marktteilnehmer lediglich Verlustzahlen ohne Prämieneinnahmen kommunizieren. Bei einem Vergleich der Risikokennzahlen zwischen verschiedenen Fonds und Fondsanbietern ist daher stets Vorsicht geboten, da die gelieferten Zahlen aufgrund anderer Methodiken oft nicht vergleichbar sind.

ABBILDUNG 22: BEISPIEL EINER WAHRSCHEINLICHKEITSVERTEILUNG MIT UND OHNE COUPONS

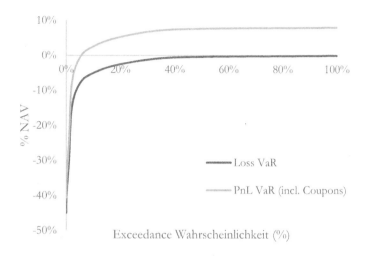

Ein weiterer möglicher Ansatz um das Portfoliorisiko, bzw. dessen Diversifikation zu messen, welcher meist zusätzlich zu den beiden oben beschriebenen Methodiken eingesetzt wird, ist die Simulation historischer Ereignisse auf das heutige Portfolio. So könnte man zum Beispiel simulieren, welche Auswirkungen das Erdbeben von 1906 in San Francisco auf ein bestimmtes Cat Bond Portfolio hätte. In den Risikolimiten eines Portfolios oder Fonds könnte man dann auch Maximalwerte (in Prozent des NAV) definieren, um das Risiko auf eine tolerable Grösse zu minimieren. Diese Methode ist im Grund ähnlich zur vorab beschriebenen probabilistischen Simulation der kompletten Wahrscheinlichkeitsverteilung, da auch hier das Risikoprofil und die Korrelation der einzelnen

Instrumente untereinander korrekt berücksichtigt werden. Statt jedoch mittels eines stochastischen Ereigniskataloges mit tausenden möglichen Ereignissen die gesamte Wahrscheinlichkeitsverteilung zu simulieren, werden nur wenige reale historische Szenarien verwendet. Hier ist es wichtig zu erwähnen, dass lediglich die physikalischen Parameter des Originalereignis verwendet werden (zum Beispiel die Stärke des Erdbebens), die Simulation der Schäden aber basierend auf dem heutigen Gebäudestand und der heutigen Versicherungsdeckung berechnet wird. Dies ist zwingend notwendig, da sich Bevölkerungsdichte, Grösse der Städte, verwendete Materialien und auch die Schadensabwicklung permanent verändern. Der tatsächliche entstandene historische Verlust in Geld gemessen wäre daher kein geeigneter Indikator für Verlustrisiken im Cat-Bond-Markt. Möchte man beispielsweise die Auswirkungen des San Francisco Erdbebens von 1906 auf ein heutiges Portfolio von Katastrophenanleihen berechnen, würde man ein Erdbeben mit der Stärke von 7.9 im heutigen San Francisco simulieren und hierzu die tatsächlichen heute versicherten Gebäude im Portfolio berücksichtigen und nicht den Gebäudebestand von vor über einhundert Jahren.

Das Anwenden historischer Ereignisparameter auf das heutige versicherte Portfolio hat sowohl gewichtige Vorteile, aber auch einige signifikante Nachteile. Ein grosser Vorteil der historischen Methode liegt in der einfachen Kommunikation und im Verständnis der Relevanz dieser Zahlen. Auch technisch wenig versierte Investoren können intuitiv einordnen was ein solches Ereignis bedeutet und wie oft (oder wie selten!) so etwas in der Realität typischerweise auftritt. Aus diesem Grund findet man auf fast jedem Factsheet von Anlagefonds, die in Katastrophenanleihen investieren, Angaben über das Drawdownrisiko auf Basis historischer Analysen. Ein grosser Nachteil dieser Methode ist jedoch die Tatsache, dass Extremereignisse, per Definition, nur extrem selten auftreten und dass die Datengrundlage für diese Analysen daher meist sehr dünn ist. Oft liegen die Ereignisse auch lange in der Vergangenheit zurück bzw. fanden zu einem Zeitpunkt statt, an dem die Aufzeichnung der Ereignisparameter (zum Beispiel Erdbeben-Magnitude oder Windgeschwindigkeit) nicht mit der Präzision heutiger Instrumente stattgefunden hat. Eine Analyse auf Basis solcher Daten ist daher zwangsläufig mit einer gewissen Unsicherheit verbunden und sollte mit Vorsicht betrachtet werden. In vielen Regionen gibt es auch schlichtweg keine historischen Präzedenzfälle, so dass eine Analyse auf Basis historischer Daten niemals den Maximalverlust abbilden kann, sondern nur Ereignisse, welche in jüngster Menschheitsgeschichte bereits mindestens einmal passiert sind. Es besteht also das Risiko, dass mit dieser Analysemethode bestimmte Extremereignisse in der Wahrnehmung unterrepräsentiert bleiben. Aus diesem Grund sollte eine historische

Ereignisanalyse nur zu Illustrationszwecken, aber nie als alleiniges Risikomanagementframework zur Portfoliokonstruktion eingesetzt werden.

Investoren, die in Katastrophenanleihen investieren, sollten sich generell die grundlegende Frage stellen, wieviel Diversifikation sie denn innerhalb dieser Anlageklasse überhaupt brauchen, da Katastrophenanleihen insgesamt bereits diversifizierend zum Finanzmarkt wirken. Auf diese Frage gibt es keine allgemeingültige Antwort, da sich die Risikotoleranz und damit die Präferenz für Diversifikation zwischen Investoren stark unterscheidet. Es sollte jedoch jedem Investor bewusst sein, dass Diversifikation innerhalb des Cat-Bond-Marktes meist mit gewissen Risiken und auch mit Kosten verbunden ist.

Die Kosten sind relativ einfach zu verstehen: Diversifizierende Katastrophenanleihen, also solche, die keine US Hauptgefahren abdecken, zahlen in der Regel einen deutlich geringeren Risikoaufschlag als solche, die Erdbeben oder Hurricanes in Nordamerika abdecken. Dies liegt schlichtweg an der erhöhten Nachfrage an solchen diversifizierenden Risiken. Diese erhöhte Nachfrage besteht nicht nur im Cat-Bond-Markt, sondern insbesondere bei regulierten Rückversicherungsfirmen, die aufgrund regulatorischer Rahmenbedingungen weniger Eigenkapital für diversifizierende Risiken vorhalten müssen. Dieses regulierte klassische Rückversicherungskapital steht daher in Konkurrenz zu

ILS und zum Finanzmarkt, was zu weniger attraktiven Risikoprämien führt. Bei den US Hauptgefahren müssen die meisten Rückversicherer hingegen deutlich mehr regulatorisches Kapital vorhalten, sodass das Interesse in diese Risiken zu investieren deutlich geringer ist.

Zusätzlich zur geringeren Rentabilität bei diversifizierenden Katastrophenanleihen gibt es auch noch ein Risiko zu bedenken, das oft nicht unmittelbar offensichtlich ist, nämlich ein erhöhtes Modellierungsrisiko: In den vergangenen Jahrzehnten wurde massiv in die Forschung und in das Verständnis von Erdbeben- und Sturmrisiken in den USA investiert. Höchstqualifizierte Forscher an den besten Universitäten berechnen dort mit Supercomputern sehr präzise Modelle und Sensitivitätsanalysen, um diese Gefahren bestmöglich zu untersuchen und vorauszusagen. Diese Modelle erlauben es, robuste Aussagen zu Ausfallwahrscheinlichkeiten von Katastrophenanleihen zu machen. Bei vielen diversifizierenden Risiken ist die Forschung und das Verständnis der Risiken jedoch noch nicht auf diesem Niveau angelangt. Der Mangel an verfügbaren Daten, bzw. der Mangel an Forschungsfinanzierung resultiert daher in einem erhöhten Modellierungsrisiko und damit verbunden in einer teils signifikant höheren Unsicherheit, die mit Investitionen in diese diversifizierenden Katastrophenanleihen verbunden sind. Aus diesem Grunde sollte sich ein Investor stets genau überlegen, welcher Grad an Diversifikation tatsächlich notwendig ist, um unangenehme Überraschungen dank zunehmender Modellierungsrisiken zu vermeiden.

HISTORISCHE PERFORMANCE

Der am häufigsten verwendete Vergleichsindex, um die historische Anlagerendite von Katastrophenanleihen darzustellen ist der Swiss Re Cat Bond Total Return Index. Wie der Name schon zweifelsfrei erwarten lässt, handelt es sich hierbei um einen Performance Index, der auch Ausschüttungen, in diesem Falle Couponzahlungen, berücksichtigt und der von der Swiss Re Gruppe gepflegt wird. Der Index beinhaltet sämtliche nicht-privaten Katastrophenanleihen, die weltweit emittiert werden. Die einzelnen Anleihen werden im Index anhand ihres Marktwertes gewichtet. Private Katastrophenanleihen oder auch private ILS sind nicht Teil des Swiss Re Cat Bond Index. Der Index wird wöchentlich am Freitag berechnet. Es gibt auch noch weitere Unterindizes, zum Beispiel den Swiss Re Cat Bond Price Index (also ohne Couponzahlungen) oder einen weiteren Index, der nur die Wertentwicklung von rein Wind-exponierten Katastrophenanleihen abbildet (Swiss Re, 2014). Diese Subindizes spielen in der Investorenwahrnehmung aber meist keine nennenswerte Rolle. Wichtig ist zu erwähnen, dass diese Indizes nicht direkt investierbar sind und es keinerlei ETFs oder Derivate auf diese Indizes gibt. Der Grund hierfür liegt in der eingeschränkten Liquidität von Katastrophenanleihen, was eine Replikation mit akzeptablem Tracking Error zum jetzigen Zeitpunkt unmöglich macht.

Wie im nächsten Chart abgebildet, konnte der Swiss Re Cat Bond Index in den letzten zwei Jahrzehnten seit der ersten Berechnung im Jahr 2002 eine hervorragende Wertentwicklung erreichen. Zwischen 2002 und 2020 erzielte der Index eine Gesamtrendite von +263%, was einem jährlichen Wertzuwachs von ca. 7.1% entspricht. Die Volatilität im gleichen Zeitraum betrug ca. 3.2%, womit sich nach Abzug des risikofreien Zinses eine ebenfalls sehr eindrucksvolle Sharpe Ratio von 1.8 ergibt. Ebenfalls ist im Chart erkennbar, dass signifikante Verluste und stärkere Schwankungen eher selten waren.

ABBILDUNG 23: HISTORISCHE WERTENTWICKLUNG DES
SWISS RE CAT BOND TOTAL RETURN INDEX
(BLOOMBERG, 2020)

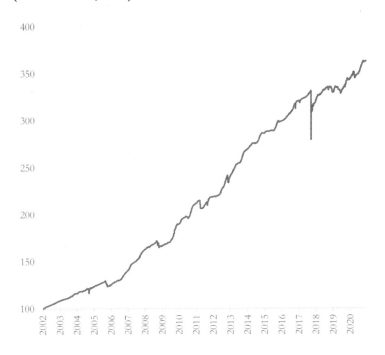

Die nur selten aufgetretenen grösseren
Wertschwankungen sind in dieser Anlageklasse durchaus
zu erwarten gewesen, da es in der Natur eines
Rückversicherungsproduktes liegt, die meisten Jahre
weitgehend schadensfrei zu bleiben. Wie im Chart
erkennbar, fanden grössere Wertschwankungen nur in
Jahren statt, in denen es zu signifikanten
Naturkatastrophen kam, durch welche Schäden im
mittleren bis hohen zweistelligen Milliardenbereich
versursacht wurden. Hier sei beispielsweise das Jahr 2011

genannt, in dem das verheerende Tohoku Erdbeben in Japan zu schweren Schäden durch das das Beben selbst, den anschliessenden Tsunami und nicht zuletzt durch die Explosion des Atomkraftwerks in Fukushima verursacht wurden. Der Vollständigkeit halber sei hier erwähnt, dass Nuklearrisiken von Katastrophenanleihen bisher nicht gedeckt wurden und daher für die Wertentwicklung auch keine Rolle gespielt haben. Der Einfluss des Tohoku Erdbebens auf Katastrophenanleihen kam ausschliesslich durch die direkten Schäden des Erdbebens und des Tsunamis zustande. Im Jahr 2017 kam es ebenfalls zu einer, zumindest temporär, deutlich sichtbaren negativen Performance, als drei grosse Hurricanes (Harvey, Irma und Maria) in den USA und in Puerto Rico auf Land trafen und dort ebenfalls versicherte Schäden von mehr als $100 Mrd. verursacht haben. Ein Blick auf die Abbildung mit den historisch erlittenen maximalen Drawdowns macht auch noch einmal deutlich, dass diese in der Regel durch Naturkatastrophen verursacht wurden, eher selten vorkamen, und nur in wenigen Ausnahmefällen mehr als einige wenige Prozentpunkte betrugen.

ABBILDUNG 24: HISTORISCHE DRAWDOWNS DES SWISS RE CAT BOND TOTAL RETURN INDEX (BLOOMBERG, 2020)

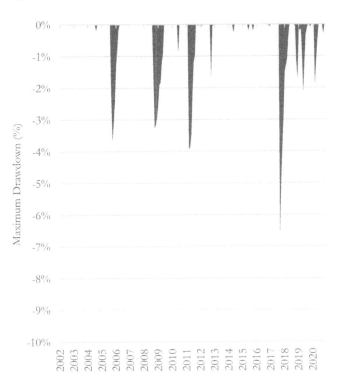

Während die Wertentwicklung des Swiss Re Cat Bond Index basierend auf Marktpreisen berechnet wird, zeigt der nächste Chart die tatsächlichen jährlichen Ausfallraten von Katastrophenanleihen zwischen den Jahren 2002 und 2020. Auch hier zeigt sich, dass die Ausfallraten in Jahren ohne signifikante Naturkatastrophen verschwindend gering waren, während in Jahren wie 2011 oder 2017 höhere Verluste erlitten wurden. Insgesamt ergibt sich eine jährliche Ausfallrate von ungefähr 0.6% in diesem Vergleichszeitraum.

ABBILDUNG 25: HISTORISCHE AUSFÄLLE IM CAT-BOND-MARKT (ARTEMIS, 2020)

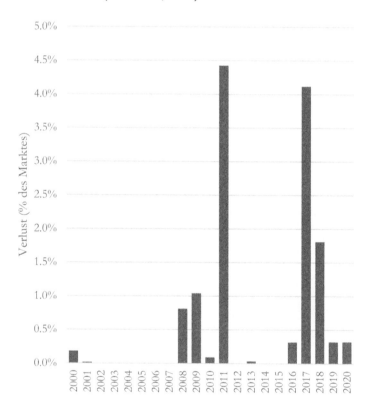

INVESTOREN, ANLAGEVEHIKEL UND FONDS

Die meisten Privatanleger, aber auch viele kleinere institutionelle Investoren, haben bisher noch nicht in Katastrophenanleihen investiert und wissen oft nicht einmal, dass diese Anlageklasse überhaupt existiert. Auch bestehen häufig Vorurteile über die Anlageklasse. So glauben beispielsweise viele Investoren, dass «mit Katastrophen Geld verdient» würde. Selbstverständlich ist das Gegenteil der Fall, da bei Katastrophen nicht Geld verdient, sondern verloren wird. Bei den meisten grossen institutionellen Investoren, wie zum Beispiel bei Pensionskassen, Stiftungen und Family Offices, sieht die Wahrnehmung aber glücklicherweise deutlich anders aus. Diese Investoren sind oft bereits in Katastrophenanleihen investiert oder haben sich zumindest rudimentär mit dem Markt auseinandergesetzt.

Sollte ein Investor in Katastrophenanleihen investieren wollen, ist es meist der einfachste Weg, einen Fonds zu kaufen, der von einem Asset Manager verwaltet wird, der über den notwendigen Marktzugang und das Wissen über diese spezielle Anlageklasse verfügt. Die meisten Fonds für Katastrophenanleihen bieten dem Investor wöchentliche oder monatliche Liquidität an und einige werden sogar unter dem europäischen UCITS Regelwerk aufgelegt, was dem Investor einen gewissen regulatorischen Mindeststandard zusichert. Es gibt jedoch auch Fonds, die nicht nur «sortenrein» in Katastrophenanleihen investieren, sondern auch noch in private Rückversicherungskontrakte, hierauf muss bei der Fondsauswahl also geachtet werden. Diese Fonds sind aber dann meist nicht mehr als UCITS Fonds erhältlich, sondern verwenden regulatorische Regelwerke, die eine geringere Liquidität (zum Beispiel quartalsweise oder jährlich) erlauben.

Investoren, welche einen grösseren Betrag in Katastrophenanleihen anlegen möchten, haben darüber hinaus auch oft die Möglichkeit, ein Mandat oder einen «Fund of One» mit dem Asset Manager aufzusetzen, das auf die speziellen Anlagepräferenzen des jeweiligen Investors abgestimmt wird. Selbstverständlich kann ein Anleger auch selbst direkt in Katastrophenanleihen investieren, was sich aber aufgrund des schwierigen Zugangs zu Transaktionen und der Notwendigkeit der Anwendung von Modellierungssoftware zur Risikobeurteilung erst ab Anlagevolumen von mehr als $500M lohnt. Die speziellen Bedürfnisse der Anlageklasse (Spezialsoftware, Wissen über Rückversicherungsklauseln, rechtliche Rahmenbedingungen) sorgen dafür, dass die Eintrittsbarrieren höher sind als bei anderen Fixed Income Instrumenten. Dies macht sich auch bei den Managementgebühren bemerkbar, die höher sind als bei Fonds, die in Investment Grade Corporate Bonds oder High Yield Bonds investieren. Typischerweise zahlen Investoren um die 90-100bps an Managementgebühren für kleinere Fondsinvestitionen (<$5M), während bei sehr grossen Tickets (>$500M) die Gebühren auf weniger als die Hälfte sinken können.

Der Grossteil des Marktes für Katastrophenanleihen wird von institutionellen Anlegern dominiert, meist Pensionskassen oder Privatbanken. Private Endanleger spielen in diesem Markt bisher keine signifikante Rolle, da die meisten Fonds ohnehin nicht für den Retail Vertrieb zugelassen sind. Interessierte Privatanleger können aber oft über die Advisory Desks oder diskretionäre Mandate bei den führenden Privatbanken ebenfalls in diesen Markt investieren. Besonders für Pensionskassen eignen sich Katastrophenanleihen als Beimischung in der strategischen Anlageallokation, da diese diversifizierend wirken und trotzdem einen attraktiven Coupon erwirtschaften. Darüber hinaus haben Pensionskassen aufgrund ihrer langfristigen Verbindlichkeiten meist einen ebenso langen Anlagehorizont, was für eine Investition in Katastrophenanleihen gleichfalls von Vorteil ist. Dies erlaubt es Pensionskassen, einen höheren Anteil an weniger liquiden Anleihen zu erwerben, als dies für andere Investoren möglich wäre. Mittlerweile zählen Pensionskassen daher zu den wichtigsten, am besten informiertesten und auch zu den grössten Investoren im Markt für Katastrophenanleihen.

KATASTROPHENANLEIHEN IN MULTI-ASSET PORTFOLIOS

Der Nutzen von Katastrophenanleihen als diversifizierende Anlageklasse wird insbesondere in Phasen sichtbar, in denen traditionelle Finanzmärkte durch hohe Volatilitäten und teils massive Kurverluste geprägt sind. Beispielsweise sei hier die Finanzkrise der Jahre 2008-2009, sowie die COVID-19 Pandemie und die damit verbundenen Lockdowns im Jahr 2020 zu nennen. In genau solchen Phasen können Katastrophenanleihen einen wertvollen Beitrag zur Portfoliostabilität liefern, da diese Instrumente in solchen Marktphasen, zumindest solange es zu keinen signifikanten Naturkatastrophen kommt, attraktive und vor allem unkorrelierte Renditen erwirtschaften (Jaeger, Müller, & Scherling, 2010). Der Grund hierfür ist offensichtlich: Katastrophenanleihen weisen nur minimale Kredit- oder Zinsänderungsrisiken auf. Aus diesem Grund eignet sich die Anlageklasse hervorragend als Beimischung in traditionellen Multi-Asset Portfolien, in denen klassische Anlageklassen wie Aktien, Staats- oder Unternehmensanleihen, Rohstoffe und alternative Investments beinhaltet sind. Durch das Hinzufügen von Katastrophenanleihen kann das Risiko-Rendite-Verhältnis eines solchen Multi-Asset Portfolios deutlich verbessert werden.

Um die positiven Effekte einer solchen Beimischung aufzuzeigen, berechnen wir im folgenden Beispiel die historische Rendite eines Multi-Asset Portfolios ohne Katastrophenanleihen und dann mit einer 20% Allokation zu diesem Segment. Im Anschluss können dann die typischen Kennzahlen errechnet und miteinander verglichen werden. Als Portfoliobestandteile werden der Swiss Re Cat Bond Total Return Index, der MSCI World Net Total Return USD Index, der Barclays Global Aggregate Bond Index, der Dow Jones US Real Estate Total Return Index, der Bloomberg Commodity Total Return Index, der Hedge Fund Total Return Index, sowie der Spotpreis von Gold verwendet.

ABBILDUNG 26: PORTFOLIO KOMPOSITION OHNE KATASTROPHENANLEIHEN

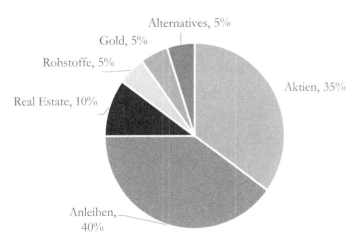

ABBILDUNG 27: PORTFOLIO KOMPOSITION MIT 20% BEIMISCHUNG IN KATASTROPHENANLEIHEN

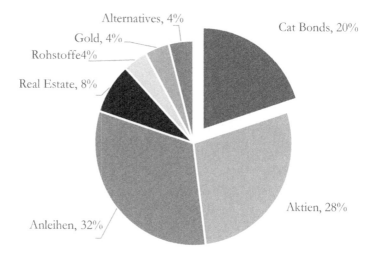

Nach Konstruktion der beiden Portfolios verwenden wir nun die verfügbaren historischen Performancezeitreihen, um die quantitativen Veränderungen auf Risiko- und Renditekennzahlen abzuschätzen, die das Hinzufügen eines 20%-Anteils Katastrophenanleihen bewirkt haben. Als Startzeitpunkt ist hier das Jahr 2002 verwendet worden, da ab diesem Jahr der Swiss Re Cat Bond Total Return Index berechnet wurde.

ABBILDUNG 28: SIMULIERTE HISTORISCHE PORTFOLIO PERFORMANCE (BLOOMBERG, 2020)

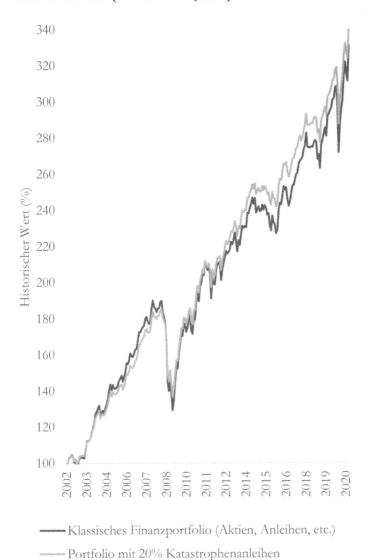

Klassisches Finanzportfolio (Aktien, Anleihen, etc.)

Portfolio mit 20% Katastrophenanleihen

Wie in dem Chart erkennbar wird, wirkt sich das Hinzufügen von Katastrophenanleihen positiv auf die historische Wertentwicklung aus. Die Gesamtrendite im Vergleichszeitraum verbessert sich um ca. 10%, oder um ungefähr 0.2% per annum.

Für die meisten Investoren ist jedoch eine Erhöhung der zu erwartenden Rendite gar nicht das Hauptargument, um Katastrophenanleihen beizumischen. Die Diversifikation der Anlageklasse und die damit verbundene Reduktion des Portfoliorisikos ist der wesentlich wichtigere Grund, warum sich Katastrophenanleihen zunehmender Beliebtheit erfreuen. Im dargestellten historischen Zeitraum macht sich dies bereits in den Risikokennzahlen bemerkbar. So sank die jährliche Volatilität des Portfolios spürbar von 9.0% auf 7.4%, eine Verbesserung um 1.6 Prozentpunkte, bzw. eine Reduktion um fast ein Fünftel! Auch die Sharpe Ratio verbesserte sich deutlich von 0.57 auf 0.72, was ebenfalls eine enorme Verbesserung darstellt. Ebenso konnte das Verhalten in schwierigen Marktphasen, zum Beispiel während der Finanzkrise 2008-2009, spürbar positiv verändert werden. So reduzierte sich der maximale Drawdown durch das Hinzufügen von Katastrophenanleihen von 31.9% auf lediglich etwas mehr als 26%.

ABBILDUNG 29: HISTORISCHE KENNZAHLEN

	Klassisches Multi-Asset Portfolio	Nach Hinzufügen von 20% Cat Bonds	Veränderung
Gesamtrendite	231%	241%	+10%
Rendite p.a.	6.5%	6.7%	+0.2%
Volatilität	9.0%	7.4%	-1.6%
Sharpe Ratio	0.57	0.72	+0.15
Maximaler Draw-Down	-31.9%	-26.2%	+5.8%

Diese spürbare Verbesserung der Risiko-adjustierten Rendite und die Reduktion des maximalen Drawdown-Risikos ist insbesondere für solche Investoren wichtig, die regelmässige Ausschüttungen generieren müssen. Vor allem Pensionskassen, die ihren Pensionären monatlich die Pension bezahlen müssen, sind daher daran interessiert, das Verlustrisiko ihrer Kapitalbasis zu minimieren, benötigen aber gleichzeitig vergleichsweise hohe Renditen, um die laufenden Zahlungen decken zu können. Auch der Regulator achtet bei Pensionskassen stets darauf, dass sich Drawdown-Risiken im sinnvollen Verhältnis zum

Gesamtvermögen und zu den langfristigen Verbindlichkeiten (also Pensionsverpflichtungen) befinden. Sollte dies nicht mehr der Fall sein, müsste die Pensionskasse notfalls strukturelle Massnahmen einleiten, die meist für alle Beteiligten, insbesondere für die Versicherten, sehr unangenehm sein können. Das Hinzufügen von Katastrophenanleihen hilft dank der diversifizierenden Eigenschaften, dieses Risiko zu reduzieren.

Die nächste Abbildung macht diese Verbesserung des Drawdown-Risikos noch einmal deutlich. Insbesondere in den turbulenten Zeiten der Finanzmarktkrise in den Jahren 2008-2009, aber auch in weiteren Krisenzeiten (z. B. Griechenlandkrise, Beginn der COVID-19 Lockdowns) haben Katastrophenanleihen den Verlust eines Multi-Asset Portfolios deutlich lindern können. Da Katastrophenanleihen nahezu ausschliesslich Ereignisrisiko tragen, ist dieses Verhalten auch keineswegs überraschend oder zufällig, sondern ist der fundamentalen Struktur der Anlageklasse geschuldet und damit auch für die Zukunft zu erwarten.

ABBILDUNG 30: HISTORISCHE DRAWDOWNS

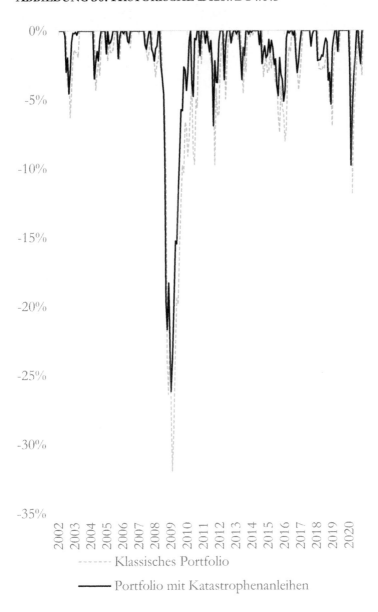

KATASTROPHENANLEIHEN IM NIEDRIGZINSUMFELD

Wie hoffentlich eindrucksvoll in den oberen Kapiteln demonstriert, sind Katastrophenanleihen ein gutes Instrument, um das Risiko-Rendite Verhältnis in bestehenden Multi Asset Portfolios zu optimieren. Dieser Fokus auf Risikoverminderung dank der geringeren Korrelation zu anderen Anlagen ist jedoch nicht der einzige Grund, warum Investoren in diese Anlageklasse investieren. Auch das allgemeine Niedrigzinsumfeld macht Katastrophenanleihen zu einer interessanten Anlagemöglichkeit, da sich Zinsen und Kreditprämien in weiten Teilen des Fixed Income Marktes auf sehr niedrigem Niveau befinden (siehe Abbildung unten). Die immer noch hochverzinsten Katastrophenanleihen gewinnen daher aus relativer Betrachtung noch einmal an Attraktivität. Insbesondere institutionelle Investoren mit langfristigen Verbindlichkeiten, also vor allem Pensionskassen, müssen eine gewisse Minimalrendite auf ihre Anlagen erzielen, um die versprochenen Zahlungen, zum Beispiel an Pensionäre, leisten zu können. Gleichzeitig müssen sie aber strenge Vorschriften bezüglich Risikodiversifikation einhalten, was dazu führt, dass ein Grossteil ihrer Anlagen in festverzinslichen Wertpapieren investiert sein muss (Andonov, Bauer, & Cremers, 2017).

**ABBILDUNG 31: RENDITEN 10-JÄHRIGER
STAATSANLEIHEN IN DEN USA UND EUROPA**

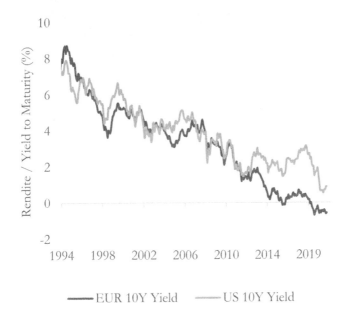

Der Zusammenbruch der Rendite auf Staats- und Unternehmensanleihen stellt diese Investorengruppe daher vor ein schwer lösbares Dilemma. Um die angestrebte minimale Rendite zu erreichen, die diese Investoren brauchen, um die versprochenen Zahlungsströme bedienen zu können, müssten sie das Risiko deutlich erhöhen. Typischerweise bedeutet dies eine Erhöhung der Anlagen im Bereich Aktien, Hedge Funds oder Private Equity, sowie eine Reduktion der Investitionen in relativ sichere festverzinsliche Wertpapiere. Genau dies ist aber im Rahmen des regulatorischen Umfeldes schwierig bis unmöglich, da hier das vom Regulator erlaubte Risiko in der Regel überschritten werden würde. Katastrophenanleihen, die diversifizierende festverzinsliche Wertpapiere sind, stellen daher oft eine der wenigen Alternativen dar, die sowohl ökonomisch Sinn machen und regulatorisch zulässig sind.

Die historische Ausfallrate bei Katastrophenanleihen von ca. 0.6% ist ungefähr äquivalent zu einem BB Credit Rating, wenn man dort ebenfalls die historischen Ausfallraten, in diesem Fall von Standard & Poors, zu Vergleichszwecken verwendet (Standard & Poors, 2020). Per Ende 2020 wiesen Katastrophenanleihen eine durchschnittliche Verzinsung von ungefähr 6.5% in USD aus (Artemis, 2020), während Unternehmensanleihen mit einem BB Rating ca. eine Rendite von 3.0% in USD versprechen (FED St. Louis, 2020). Unternehmensanleihen rentieren zu diesem Zeitpunkt deutlich weniger als Katastrophenanleihen mit vergleichbarem historischen Ausfallrisiko.

Die höhere Rendite bei gleichzeitigem Diversifikationsbenefit macht Katastrophenanleihen daher zu einer offensichtlich interessanten Anlageklasse für institutionelle Investoren, soweit dies regulatorisch zulässig ist. Aus diesem Grund ist es auch nicht weiter überraschend, dass insbesondere Pensionskassen weiterhin zu den grössten Investoren in dieser Anlageklasse zählen und vermutlich auch in Zukunft ihr Engagement weiter ausbauen werden. Langfristig wird die Attraktivität der Anlageklasse von vielen Faktoren bestimmt. Die relative Renditeerwartung im Vergleich zu anderen festverzinslichen Wertpapieren wird wahrscheinlich einer der Haupttreiber von Zuflüssen in den Markt für Katastrophenanleihen bleiben.

ZUSAMMENFASSUNG

In diesem Buch wurde die Geschichte der Rückversicherungsmärkte skizziert, und dargelegt, warum Katastrophenanleihen eine sinnvolle Weiterentwicklung dieses Marktes darstellen. Sowohl Investoren als auch Sponsoren von Katastrophenanleihen profitieren von der zuverlässigen rechtlichen Struktur und von der Möglichkeit, Rückversicherungsrisiken in den Kapitalmarkt zu transferieren. Robuste Risikomodelle, die bei der Bewertung von Katastrophenanleihen zur Anwendung kommen, sowie die hohen Renditen machen eine Investition in diese Anlageklasse auch für Investoren ausserhalb der Rückversicherungswelt sinnvoll.

Mit einer Marktgrösse von ungefähr $40 Mrd. haben sich Katastrophenanleihen zu einem signifikanten Teilbereich des Rückversicherungsmarktes entwickelt. Bereits heute macht sich der Einfluss von diesem alternativen Rückversicherungskapital in der Preisfindung auch von traditionellen Rückversicherungsverträgen bemerkbar. Dank ihrer geringen Korrelation zu klassischen Finanzmarktrisiken bei trotzdem hoher Verzinsung sind Katastrophenanleihen zu einer beliebten Beimischung in Portfolios professioneller Investoren geworden. Diese Beimischung von Katastrophenanleihen wirkt sich signifikant positiv auf nahezu sämtliche Risikokennzahlen aus, insbesondere auf Volatilität, Sharpe Ratio und maximalen Drawdown. Im Gegenzug muss ein Investor bereit sein, sich auf die Komplexität der Anlageklasse einzulassen und ein gewisses Illiquiditätsrisiko zu tragen. Aus diesem Grund investieren die meisten Endinvestoren auch nicht selbst in diesen Markt, sondern arbeiten mit spezialisierten Anbietern zusammen, die eine solche Investition über Fondsstrukturen oder Mandate ermöglichen.

Allen, P., & Milne, A. (2015). *Insurance Hubs Report*. Singapore: Grant Thornton.

Andonov, A., Bauer, R. M., & Cremers, M. K. (2017). Pension Fund Asset Allocation and Liability Discount Rates. *The Review of Financial Studies*, 2555-2595.

Anooshehpoor, A., Heaton, T. H., Shi, B., & Brune, J. N. (1999). Estimates of the ground accelerations at Point Reyes Station during the 1906 San Francisco earthquake . *Bulletin of the Seismological Society of America*, 845-853.

AON plc. (2020). *Reinsurance Market Outlook April 2019*. New York: AON Securities Inc.

Artemis. (2020, 03 04). *Artemis Investor Database*. Retrieved from Pensions & sovereign wealth funds allocating to ILS: https://www.artemis.bm/pension-funds-investing-in-insurance-linked-securities-ils/

Artemis. (2019, 04 30). *Artemis.bm - Hurricane Odile Event Update*. Retrieved from Artemis: https://www.artemis.bm/news/did-hurricane-odile-just-trigger-the-multicat-mexico-2012-cat-bond/

Artemis. (2020, 06 30). *Artemis Cat Bond Dashboard*. Retrieved from Artemis: https://www.artemis.bm/dashboard/

Bloomberg. (2020, 11 26). Market Data. New York, US.

Bloomberg. (2020, 11 26). Swiss Re Cat Bond Total Return Index. Zurich.

Bloomberg. (2020, 11 26). Swiss Re Cat Bond Total Return Index.

Bouriaux, S., & MacMinn, R. (2009). Securitization of Catastrophe Risk: New Developments in Insurance-

Linked Securities and Derivatives. *Journal of Insurance Issues*, 1-34.

Braun, A. (2016). Pricing in the Primary Market for Cat Bonds: New Empirical Evidence. *The Journal of Risk and Insurance*, 811-847.

Brown, A. (1980). *Cuthbert Heath: Maker of the Modern Lloyd's of London.* London: George Rainbird Ltd. .

Canabarro, E., Finkemeier, M., Anderson, R. R., & Bendimerad, F. (2000). Analyzing Insurance-Linked-Securities. *The Journal of Risk Finance*, 49-75.

Cummings, D. J. (2008). Cat Bonds and Other Risk-Linked Securities: State of the Market and Recent Developments. *Risk Management and Insurance Review*, 23-47.

Cummins, J. D., & Trainar, P. (2009). Securitization, Insurance and Reinsurance. *The Journal of Risk and Insurance*, 463-492.

FED St. Louis. (2020, 11 26). *BofAML US High Yield BB Option-Adjusted Spread.* Retrieved from FRED Economic Data: https://fred.stlouisfed.org/series/BAMLH0A1HYBB

Frey, B. S., Savage, D. A., & Torgler, B. (2011). Behavior under Extreme Conditions: The Titanic Disaster. *Journal of Economic Perspectives*, 209-222.

Haueter, N. V. (2017). *The History of Insurance.* Zurich: Swiss Re.

Holdsworth, W. S. (1917). The Early History of the Contract of Insurance. *Columbia Law Review*, 85-113.

Houston, K., & Labra, I. R. (2014). *The Evolution of Reinsurance.* Atlanta: Munich Re.

Insurance Information Institute. (2019). *A Firm Foundation: How Insurance Supports the Economy.* New York: Insurance Information Institute Webpage.

Jaeger, L., Müller, S., & Scherling, S. (2010). Insurance Linked Securities: What Drives Their Returns? *The Journal of Alternative Investments*, 9-34.

Litzenberger, R. H., Beaglehole, D. R., & Reynolds, C. E. (1996). Assessing Catastrophe Reinsurance-Linked Securities as a New Asset Class. *Journal of Portfolio Management*, 76-86.

Markowitz, H. (1952). Portfolio Selection. *The Journal of Finance*, 77-91.

Mayers, D., & Smith, C. W. (1990). On the Corporate Demand for Insurance: Evidence from the Reinsurance Market. *The Journal of Business*, 19-40.

McChristian, L. (2012). *Hurricane Andrew and Insurance: The Enduring Impact of a Historic Storm.* Miami: Insurance Information Institute.

Michel-Kerjana, E., & Morlayec, F. (2008). Extreme Events, Global Warming, and Insurance Linked Securities: How to Trigger the "Tipping Point". *Geneva Papers on Risk and Insurance - Issues and Practice*, 153-176.

National Oceanic and Atmospheric Administration. (2019, 09 17). *National Oceanic and Atmospheric Administration.* Retrieved from Historical Hurricane Tracks: https://coast.noaa.gov/hurricanes/

Newsdesk. (2020, 04 28). *Central Banking*. Retrieved from World Bank pays out after triggering pandemic bonds: https://www.centralbanking.com/central-banks/financial-stability/7535021/world-bank-pays-out-after-triggering-pandemic-bonds

Outreville, J. F. (2012). A note on geographical diversification and performance of the world's largest reinsurance groups. *Multinational Business Review*, 376-391.

PCS Property Casualty Service. (2020, November 13). PCS Industry Loss Database. Jersey Citi, United States of America.

Pearson, R. (1995). The Development of Reinsurance Markets in Europe during the Nineteenth Century. *The Journal of European Economic History*, 557-571.

Pearson, R. (2004). *Insuring the Industrial Revolution: Fire Insurance in Great Britain 1700–1850*. London: Routledge.

Polacek, A. (2018). *Catastrophe Bonds: A primer and retrospective*. Chicago: The Federal Reserve Bank of Chicago.

Poncet, P., & Vaugirard, V. E. (2002). The Pricing of Insurace-Linked Securities Under Interest-Rate Uncertainty. *The Journal of Risk Finance*, 48-59.

Robertson, F. (2018, 06 08). *Trading Risk*. Retrieved from News Section: https://www.trading-risk.com/articles/119874/florida-rate-change-disappoints-reinsurers

Smith, A., Lott, N., Houston, T., Shein, K., Crouch, J., & Enloe, J. (2019). *US Billion Dollar Weather & Climate Disasters 1980 - 2019*. Washington D.C.: NOAA National Center for Environmental Information.

Smith, M. L., & Kane, S. A. (1994). The Law of Large Numbers and the Strength of Insurance. *Insurance, Risk Management, and Public Policy*, 1-27.

Standard & Poors. (2020). *2018 Annual Global Corporate Default And Rating Transition Study*. New York: S&P Global Ratings.

Swiss Re. (2001). *Capital Market Innovation in the Insurance Industry Sigma No. 3/2001*. Zurich: Swiss Reinsurance Company Economic Research & Publishing.

Swiss Re. (2014). *Swiss Re Cat Bond Indices Methodology*. New York: Swiss Re Group.

Swiss Re. (2018, 03 01). *Swiss Re*. Retrieved from Swiss Re Sigma: https://www.swissre.com/institute/research/sigma-research/sigma-2018-03.html

Swiss Re. (2018, 04 10). *Swiss Re Webpage*. Retrieved from Swiss Re News Release: https://www.swissre.com/media/news-releases/2018/nr20180410_sigma_global_insured_loses_highest_ever.html

Swiss Re. (2020). *Swiss Re Corporate Archive: The Sinking of the Titanic*. Retrieved from Swiss Re: http://history.swissre.com/item_detail.php?id=46&comefrom=item*45

Swiss Re Institute. (2018). *Swiss Re Sigma 03/2018*. Zurich: Swiss Re.

US Geological Survey. (2019). *The Great 1906 San Francisco Earthquake*. Reston (VI): USGS Publising.

Vazza, D., Kraemer, N. W., & Gunter, E. M. (2019). *S&P 2018 Annual Global Corporate Default And Rating Transition Study*. New York: S&P Global Ratings.

World Bank. (2017, June 28). *World Bank Organization*. Retrieved from World Bank Launches First-Ever Pandemic Bonds to Support $500 Million Pandemic Emergency Financing Facility: https://www.worldbank.org/en/news/press-release/2017/06/28/world-bank-launches-first-ever-pandemic-bonds-to-support-500-million-pandemic-emergency-financing-facility

ÜBER DEN AUTOR

Florian Steiger ist Experte für Kapitalmärkte und Investitionen in festverzinsliche Wertpapiere. Nach Abschluss seines Studiums an der European Business School startete er seine Karriere im Sales & Trading bei Goldman Sachs in Frankfurt und später in London. Nach mehreren Jahren im Investment Banking und bei einem Hedge-Fund wechselte Florian Steiger nach Zürich, wo er bei einem renommierten Multi-Family Office Teil des Teams war, das für die Veranlagung des persönlichen Vermögens einiger der reichsten Unternehmer Europas zuständig ist. Mittlerweile arbeitet Florian Steiger bei einem unabhängigen Asset Manager und ist dort als Portfolio Manager für sämtliche Investitionen im Bereich Katastrophenanleihen und damit für ein Portfolio von mehr als $2 Mrd. verantwortlich. Einer der von Herrn Steiger verwalteten Fonds konnte für das Jahr 2019 den UCITS Award des Hedge Fund Journals» Fonds mit der besten Performance» gewinnen. Im Jahr 2020 schloss Florian Steiger als Jahrgangsbester das Executive MBA Programm der Universität St. Gallen (HSG) ab.